CANCIONES DE PIANO CLÁSICAS FÁCILES PARA NIÑOS Y PRINCIPIANTES

Melodías famosas en orden de dificultad con digitación y nombres de notas

Janis Watson

☞ ESCANEA AQUÍ PARA OBTENER LOS VIDEOS TUTORIALES

O ACCEDER AL SIGUIENTE ENLACE:
https://urly.it/3zgzn

50 VIDEOS TUTORIALES
Una Experiencia de Aprendizaje Única

1 Los videos tutoriales **están diseñados especialmente para niños y adultos** que se están acercando al estudio del piano por primera vez.

2 El video tutorial **es una herramienta muy útil que puede ayudarte a tocar el piano con facilidad e inmediatez.** Además de aprender las bases, podrás divertirte tocando piezas famosas desde el principio.

3 El doble teclado para visualizar mejor las notas gracias a las notas iluminadas y el otro teclado **para entender con qué dedo presionar la tecla.**

4 Los videos tutoriales **son exclusivos para aquellos que han comprado el libro.**

Comienzo diciendo que cada fase de aprendizaje necesita no tantos elementos sino los elementos necesarios al nivel de cada uno.

Dije esto porque veo muchos otros libros que insertan tantos elementos como sea posible para tratar de convencerlos de que compren su libro, pero la realidad es que demasiados conceptos pueden confundir al estudiante y, en consecuencia, no obtener los resultados que prometió el libro.

El libro está dirigido a aquellos que empiezan de cero tanto en la práctica como en la teoría (niño, adolescente o adulto) , el libro está estructurado de tal forma que se puede aprender poco a poco tanto la música como el piano, sin nociones teóricas (ni un explicación sobre nociones musicales), precisamente porque a este nivel no las considero necesarias

De hecho, solo necesitas conocer estos pocos elementos:
- los números escritos encima o debajo de las notas (ver imagen) indican los dedos de las manos, como lo indica la imagen de las dos manos
- lo que debes saber es que las notas escritas en clave de sol (ver imagen) deben tocarse con la mano derecha, mientras que las notas escritas en clave de fa (ver imagen) deben tocarse con la mano izquierda en este punto bastará con pulsar la tecla indicada por el número (ver imágenes)

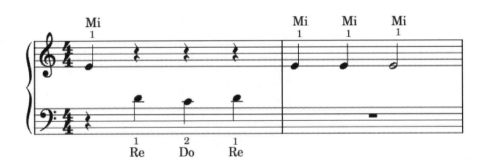

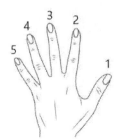

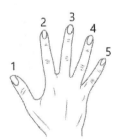

Mano Izquierda   Mano Derecha

Clave de Fa   Clave de Sol

- Para saber dónde tocar las notas escritas en el pentagrama en el piano, solo mira la imagen a continuación:

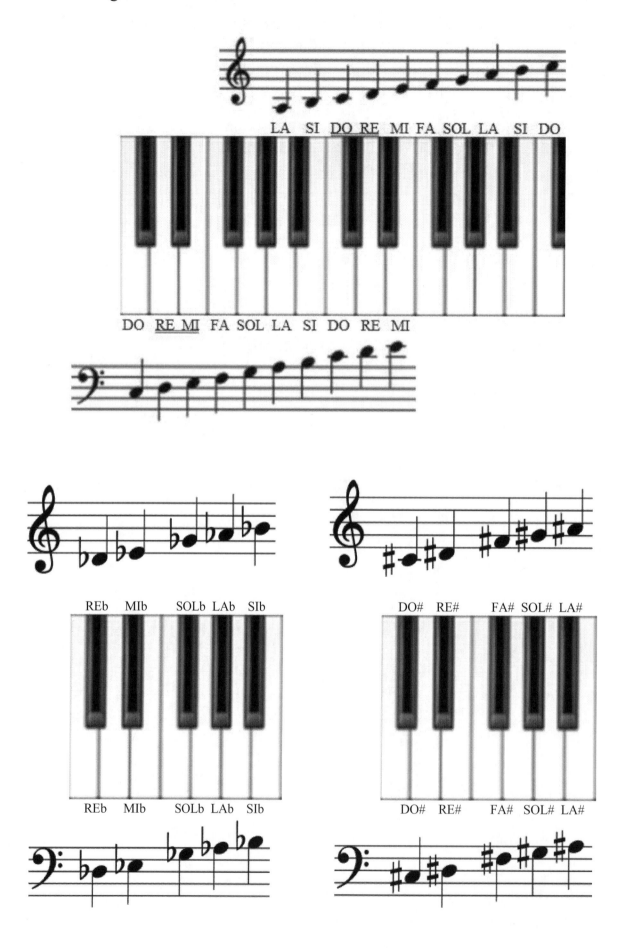

No he añadido información sobre el ritmo precisamente porque **me resulta más efectivo entender el tempo escuchando la pieza en la primera fase de aprendizaje** (ver enlace o QrCode), al contrario, añadir **demasiados conceptos al respecto lleva a una ejecución confusa** , mientras que para aquellos que tienen un mínimo de nociones rítmicas pueden leer la pieza directamente de la partitura

Si lo deseas **, puedes reproducir las canciones incluso con solo mirar los videotutoriales gracias al teclado doble** , para ver qué tecla presionar mira el teclado con las teclas iluminadas, mientras que para ver qué dedo usar mira el teclado con tu manos (ver imagen):

Consejos sobre cómo estudiar las canciones:
- antes que nada escucha la cancion
- estudiar y memorizar la melodía en el teclado, utilizando los métodos indicados anteriormente
- tocar la pieza, centrándose en la interpretación o simplemente en la música

Creo que en esta etapa inicial de aprendizaje es más importante y efectivo trabajar la escucha de la pieza y tocarla al piano, tal y como explican las últimas teorías sobre el aprendizaje musical.
Te sugiero que profundices más en la teoría solo más tarde.

Diviertete y buena musica

ÌNDICE

Spring
Four Seasons Op. 8

A. Vivaldi

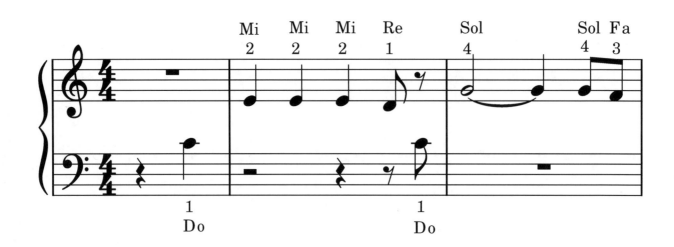

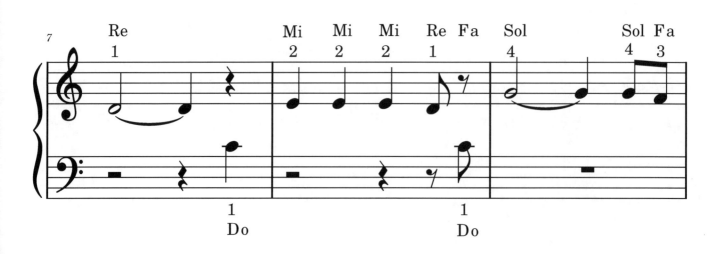

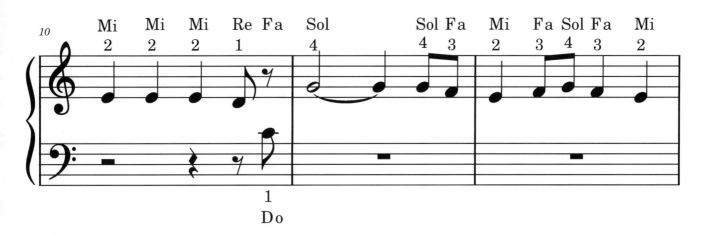

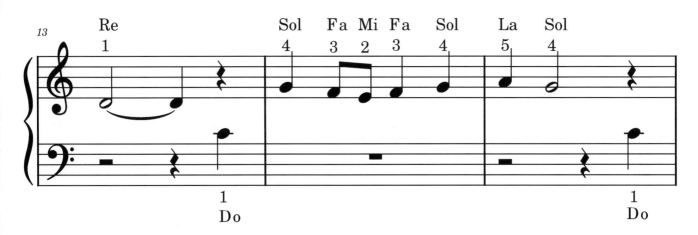

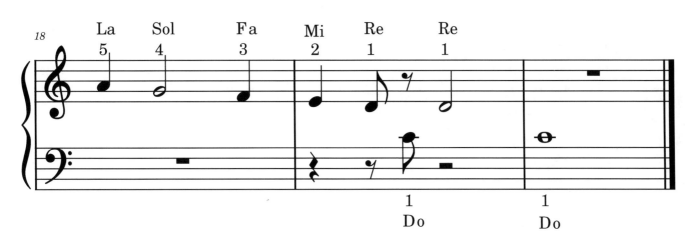

Ode to Joy
Symphony n. 9

L. v. Beethoven

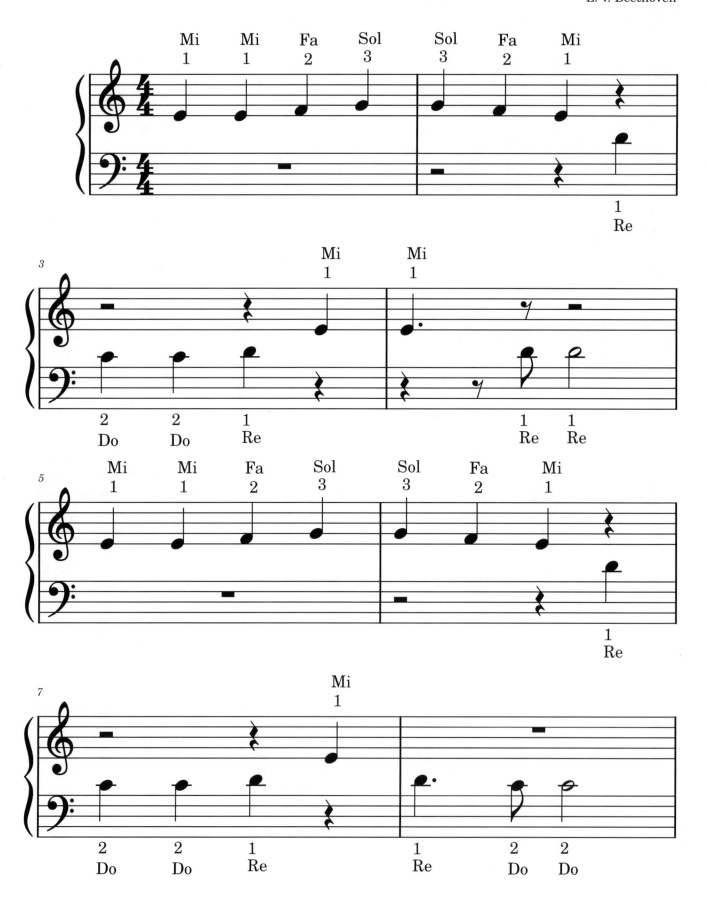

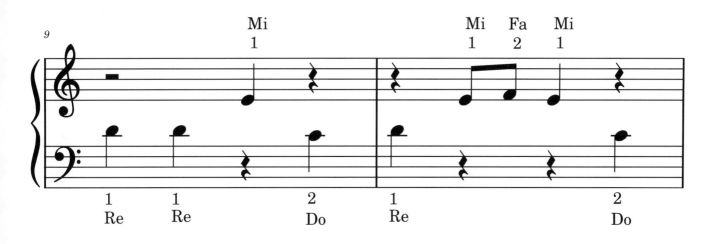

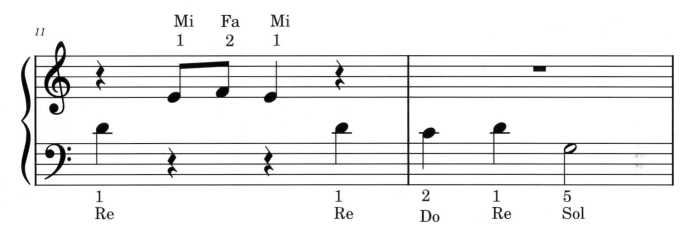

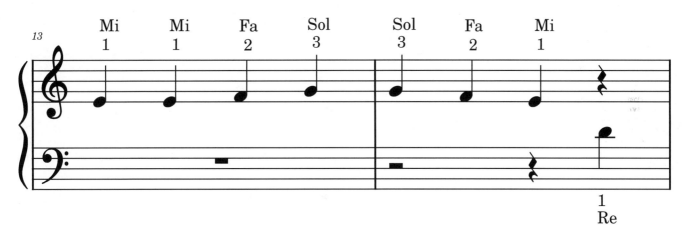

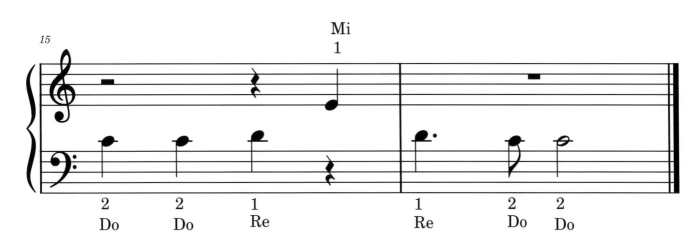

Lullaby
n. 4, Op. 49

J. Brahms

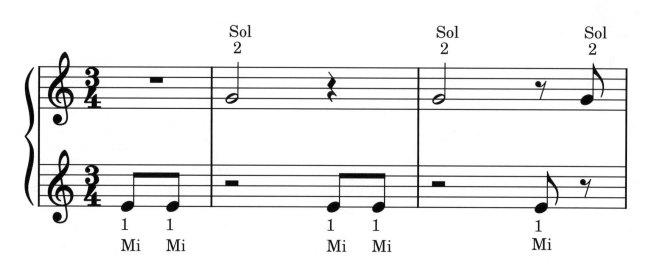

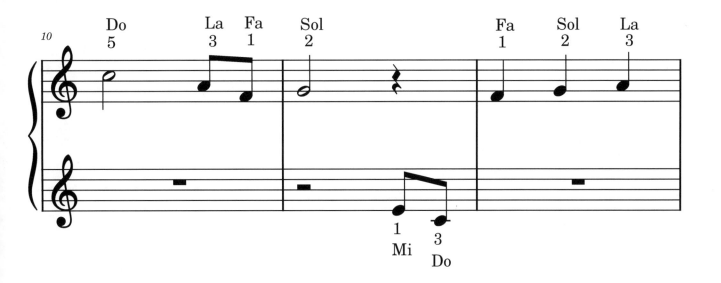

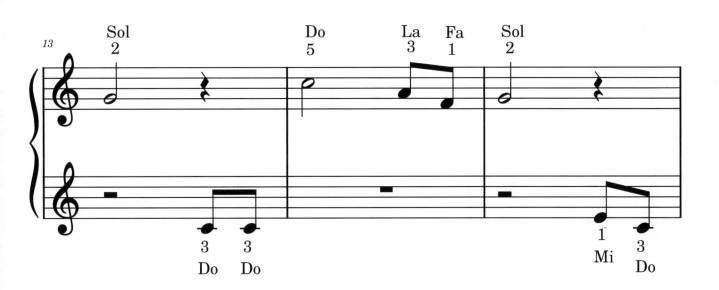

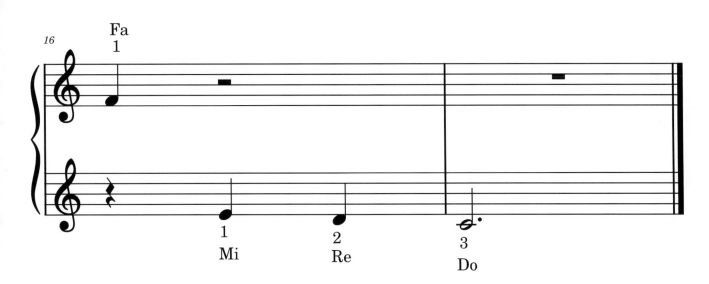

Gymnopédies n. 1

E. Satie

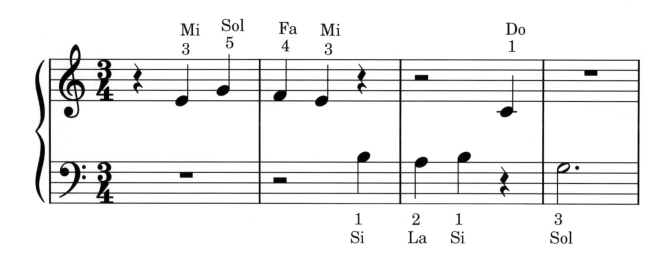

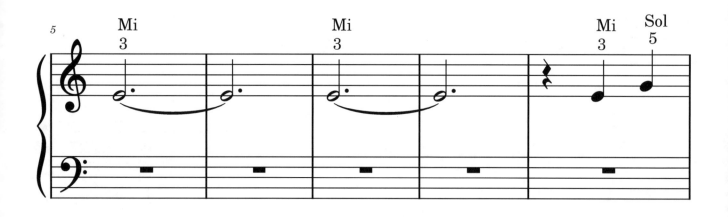

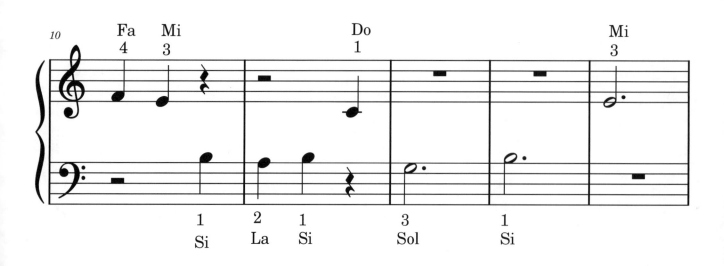

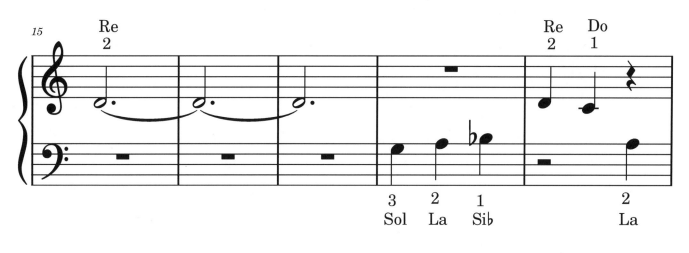
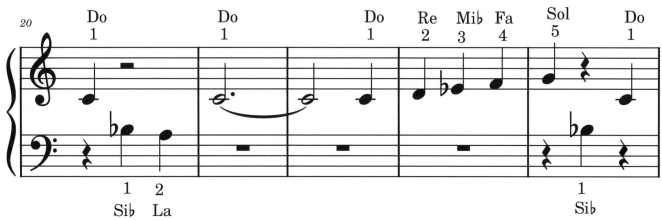
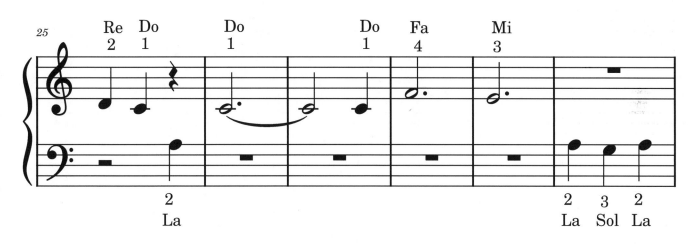
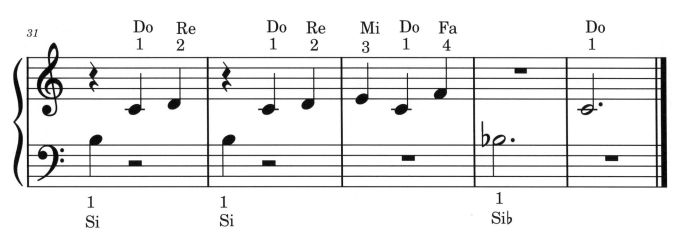

15

Symphony n. 5
Op. 67

L. v. Beethoven

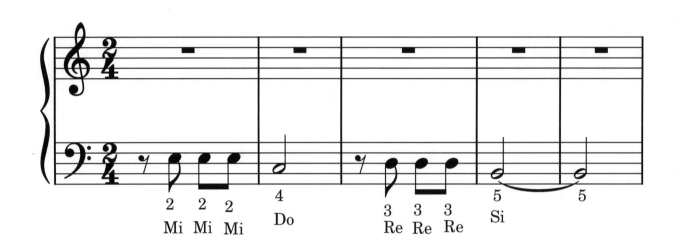

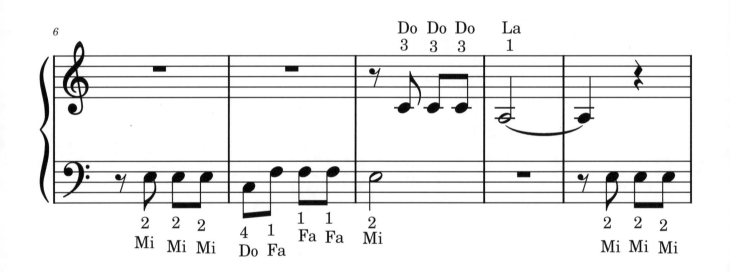

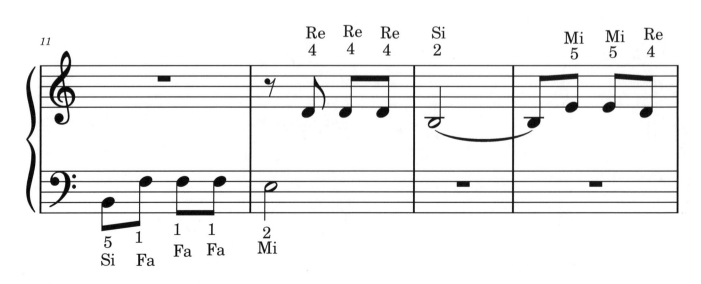

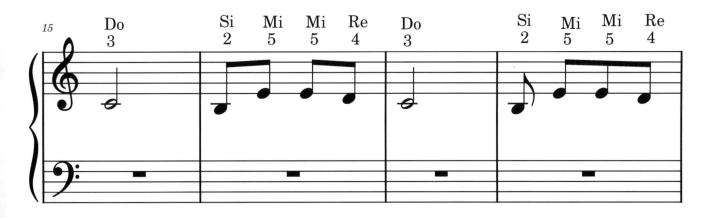

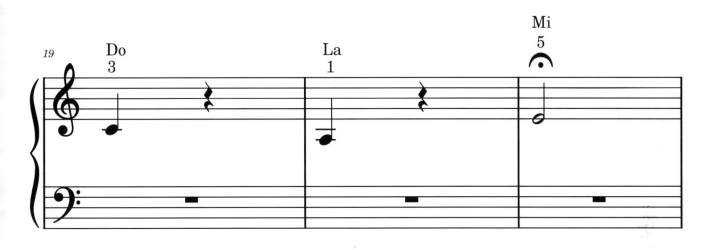

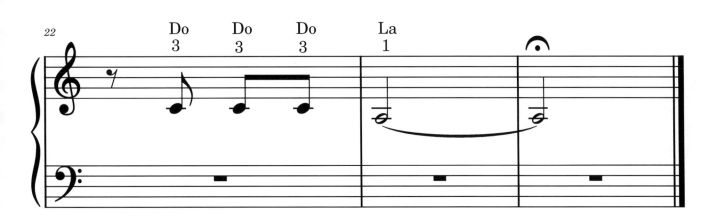

Love Dream

n. 3, S. 541

F. Liszt

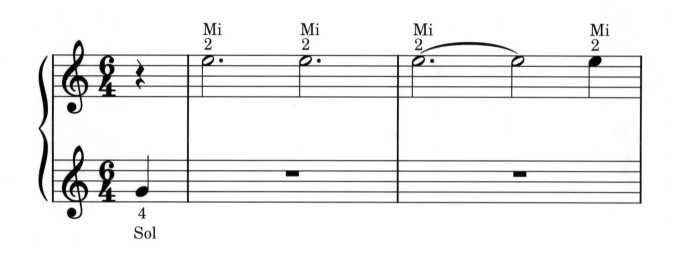

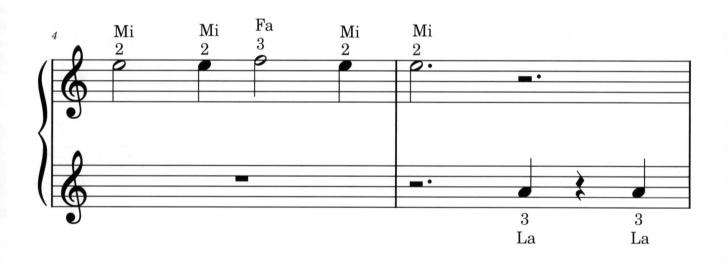

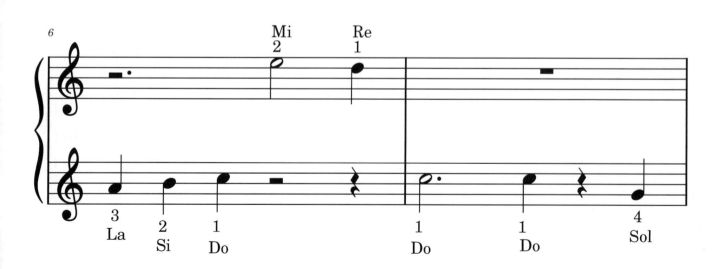

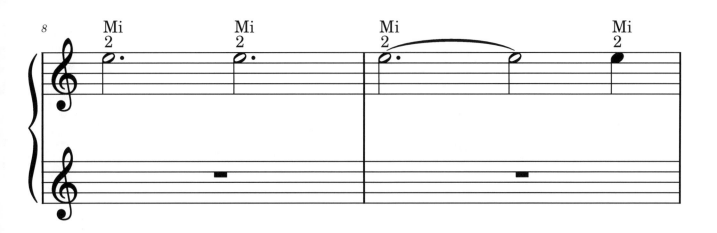

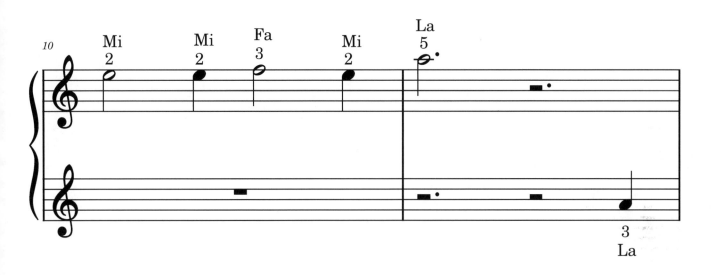

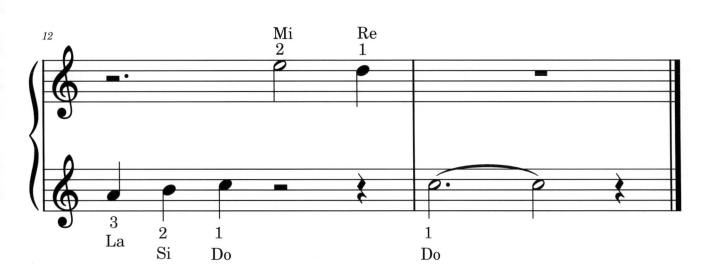

19

For Elise
Bagatelle n. 25, WoO. 59

L. v. Beethoven

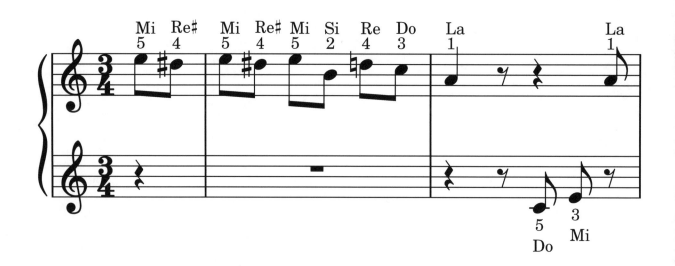

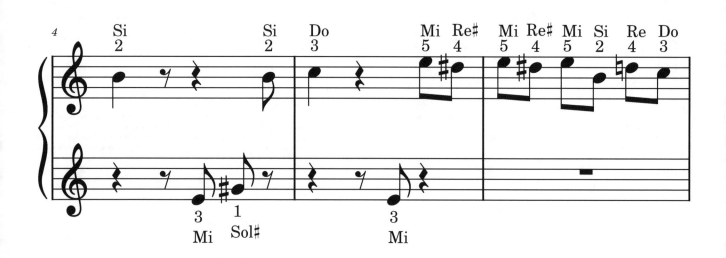

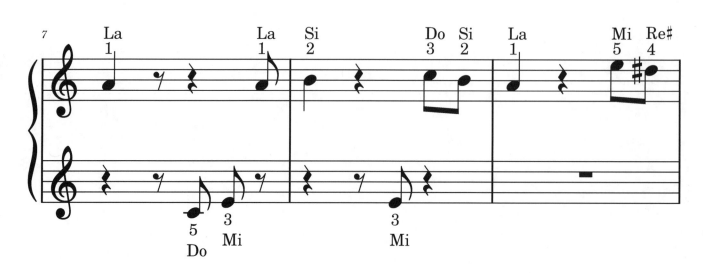

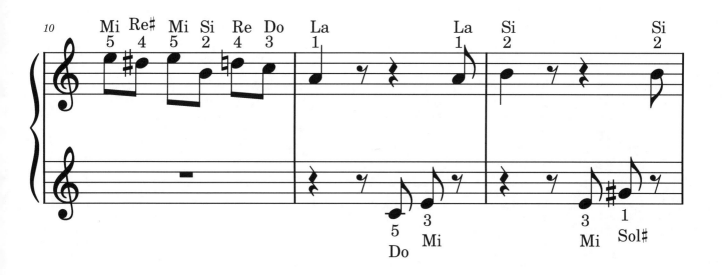

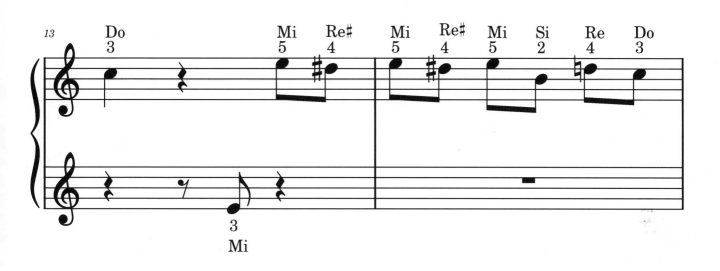

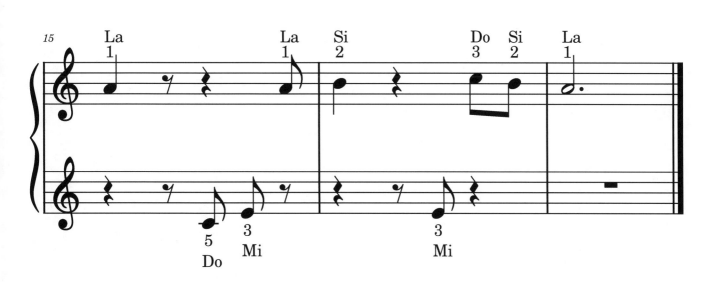

Turkish March
Piano Sonata n. 11, K. 331

W. A. Mozart

The Skaters
Op. 183

É. Waldteufel

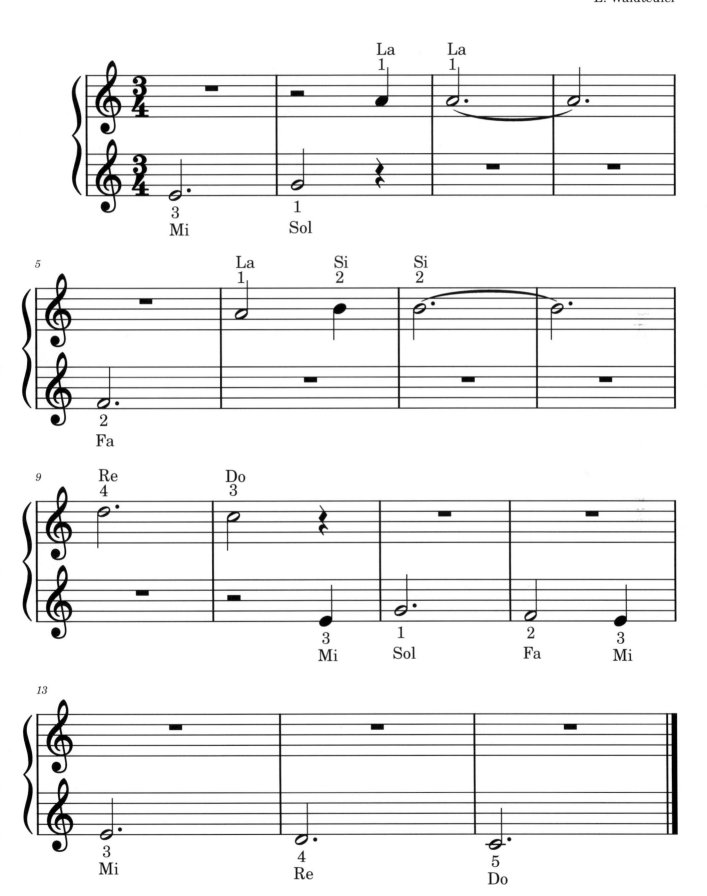

Hungarian Dance

n. 5, WoO. 1

J. Brahms

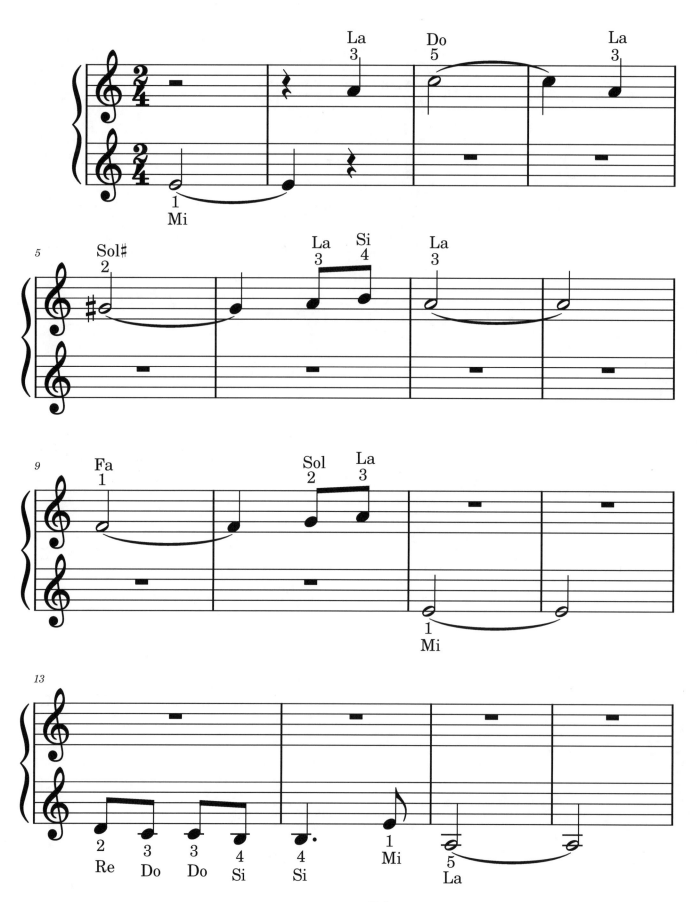

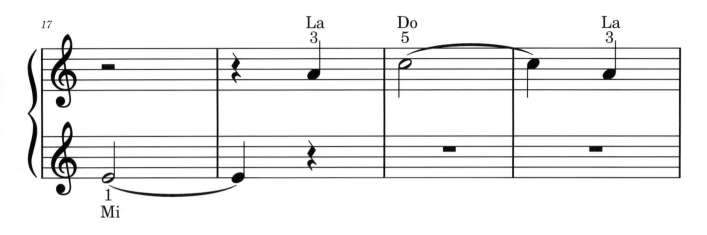

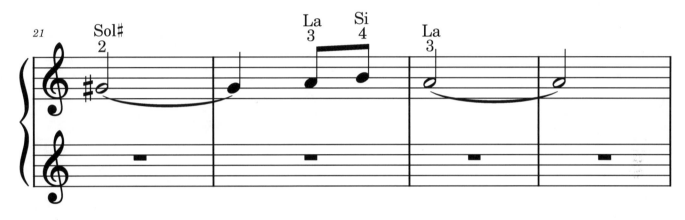

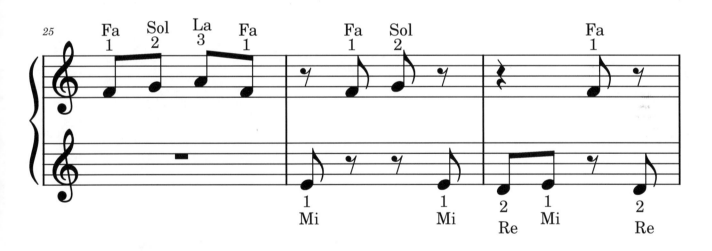

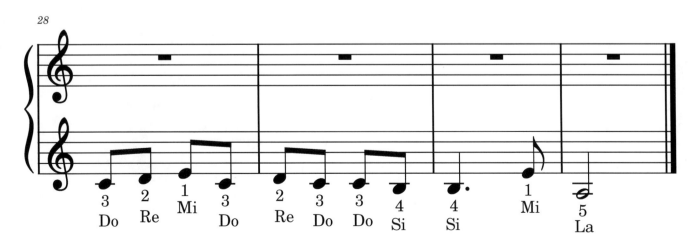

Major Minuet
BWV. Anh. 114

J. S. Bach

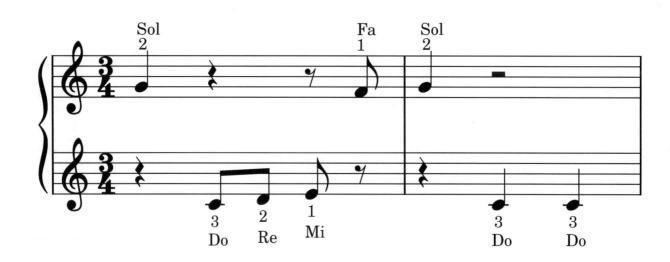

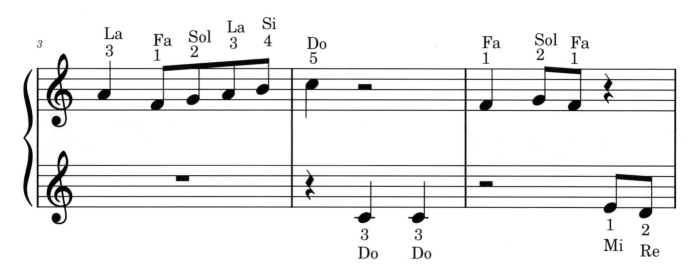

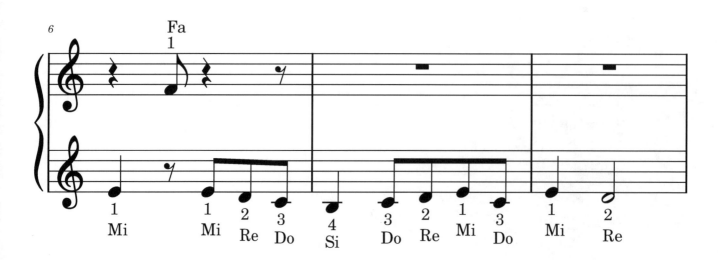

27

Pomp and Circumstance
Op. 39, March n.1

E. Elgar

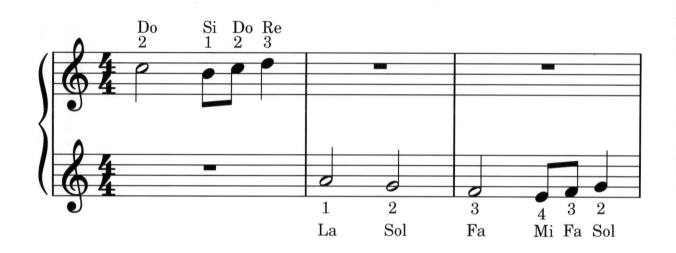

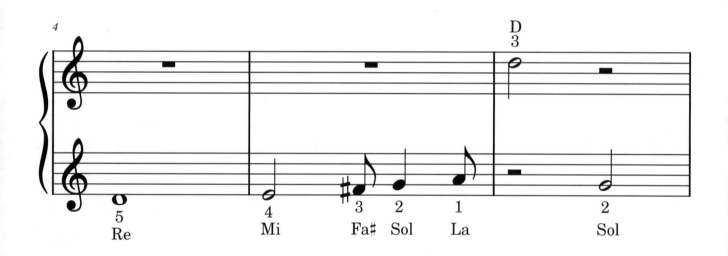

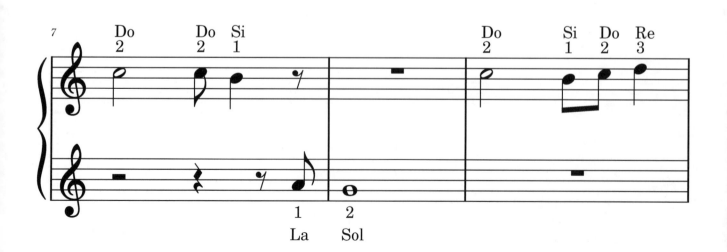

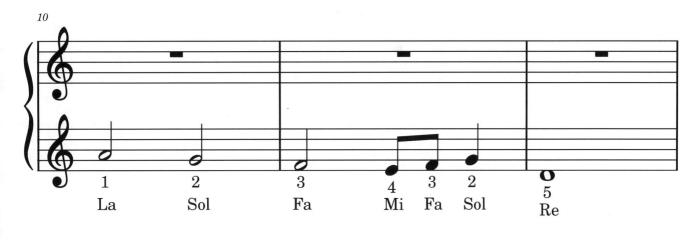

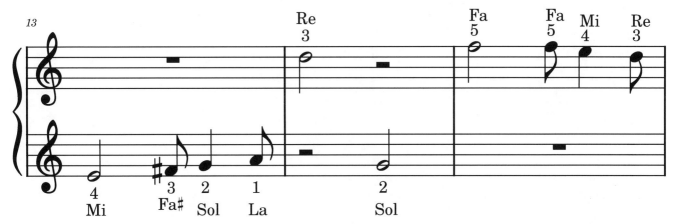

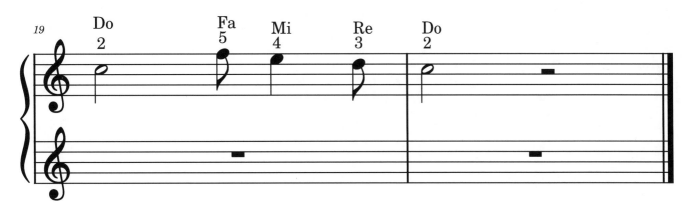

Moonlight Sonata
n. 14, Op. 27 n. 2

L. v. Beethoven

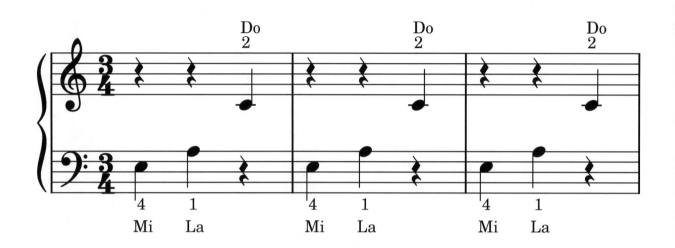

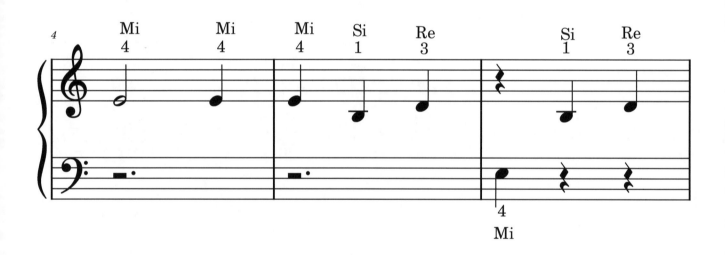

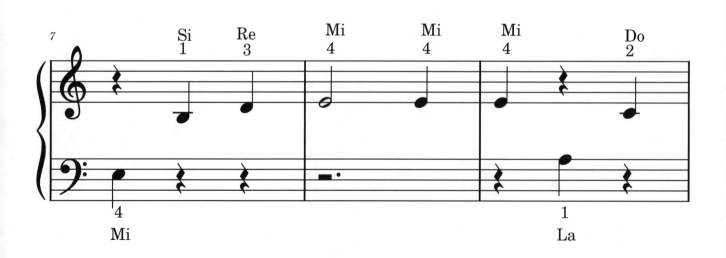

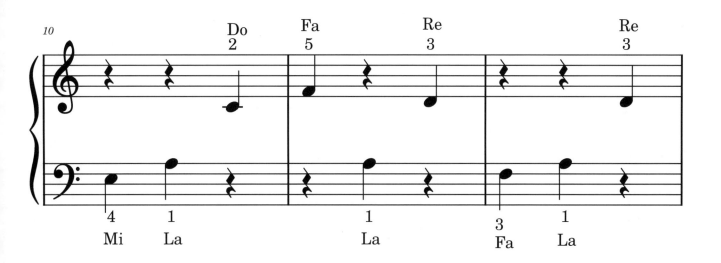

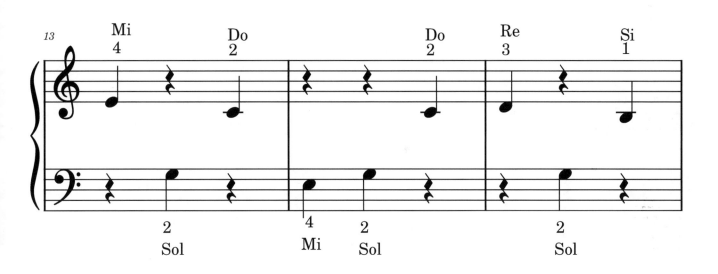

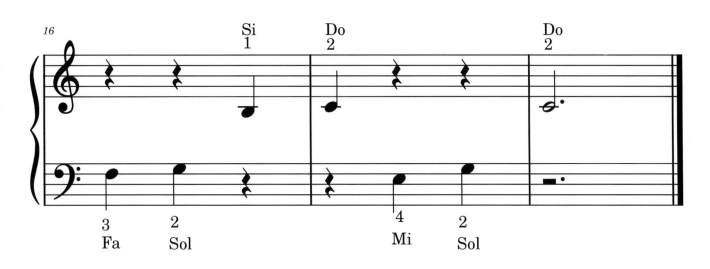

In the Hall of the Mountain King
Peer Gynt, Suite n. 1, Op. 46

E. Grieg

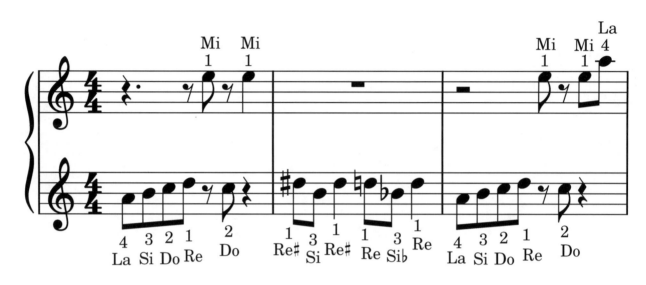

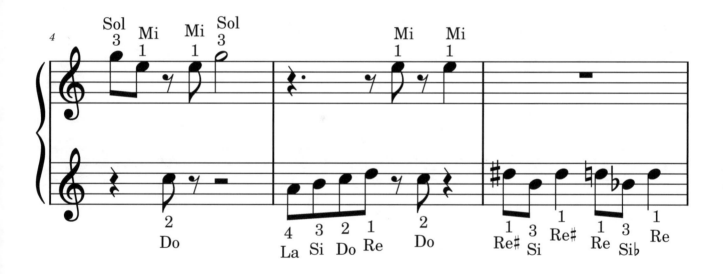

Adagio
Mi. 26

T. Albinoni

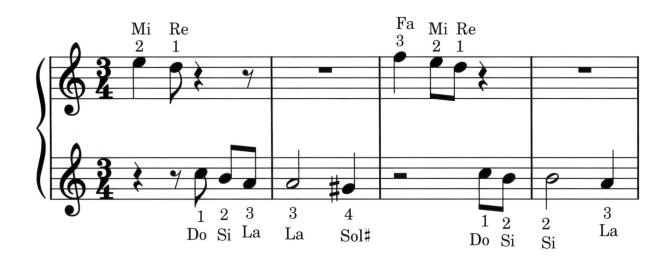

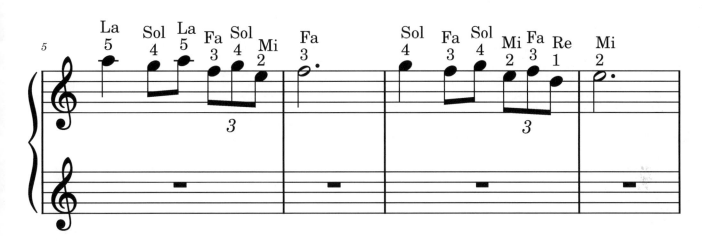

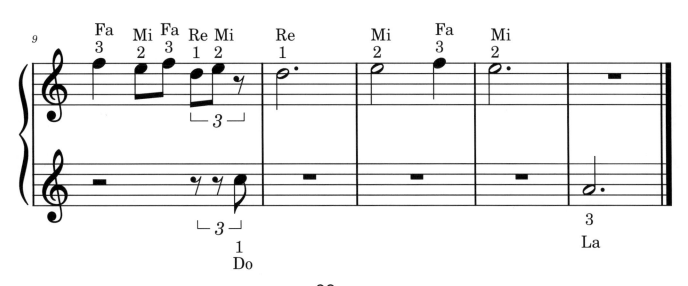

The Habanera
Carmen

G. Bizet

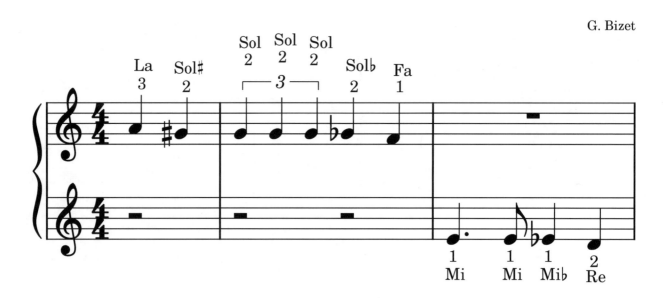

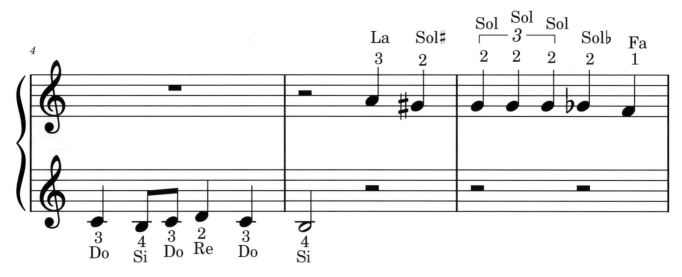

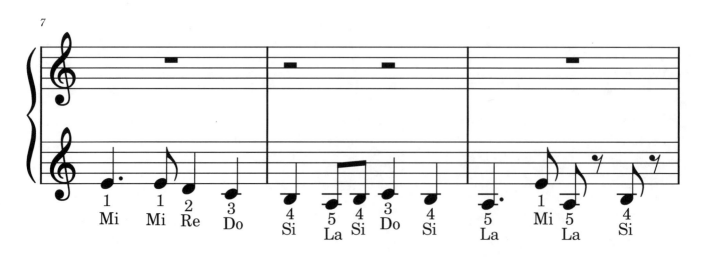

The Bat

J. Strauss

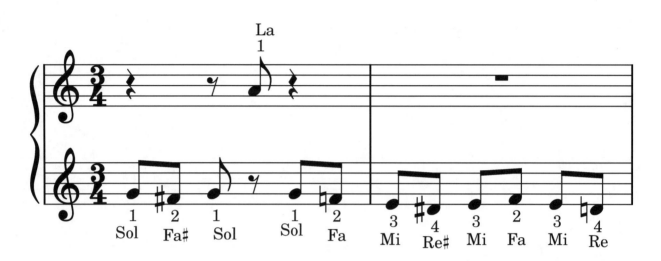

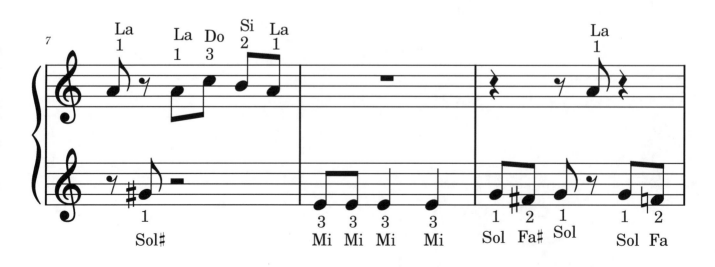

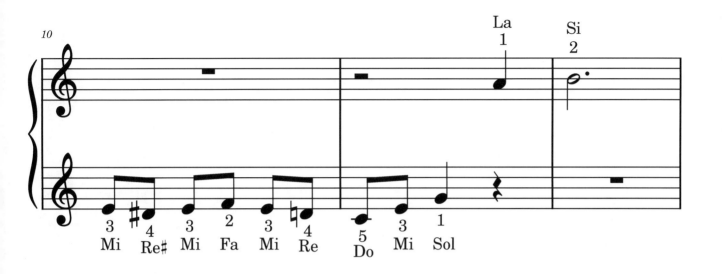

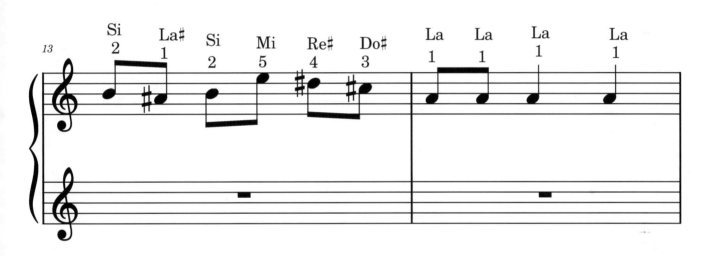

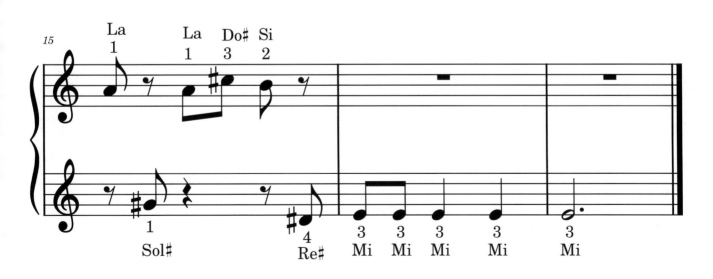

Dance of the Hours
La Gioconda, Op. 9

A. Ponichelli

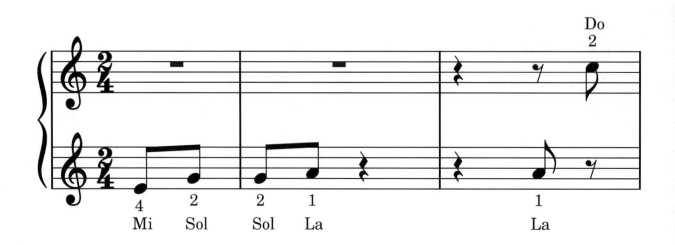

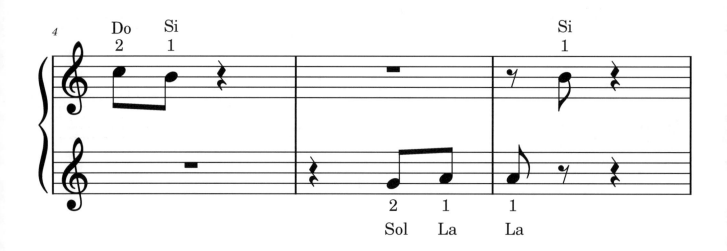

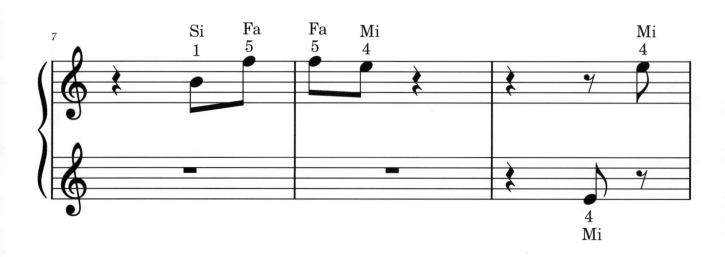

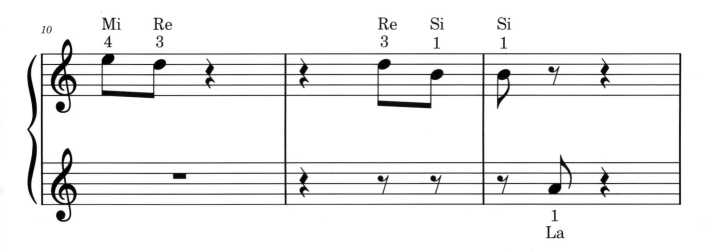

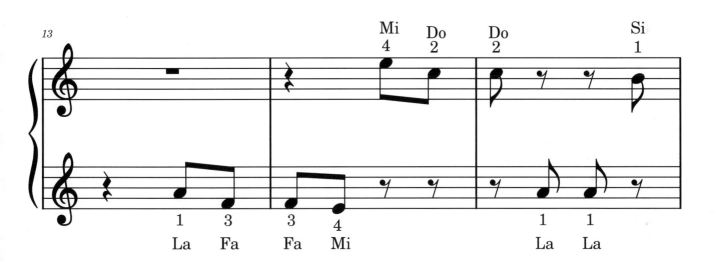

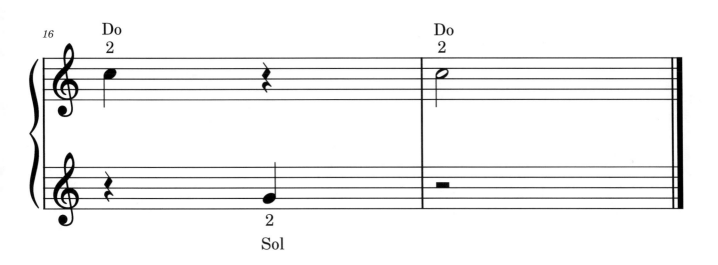

Nocturne
Op. 9, n. 2

F. Chopin

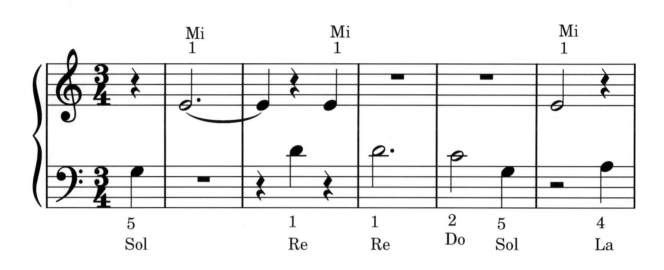

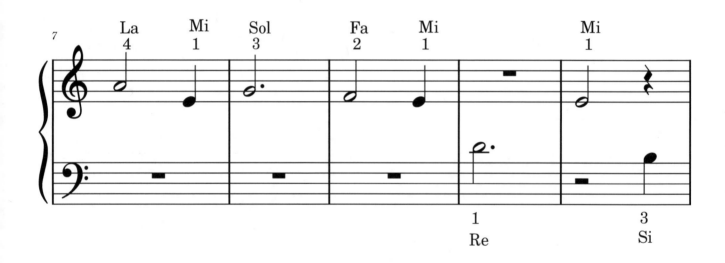

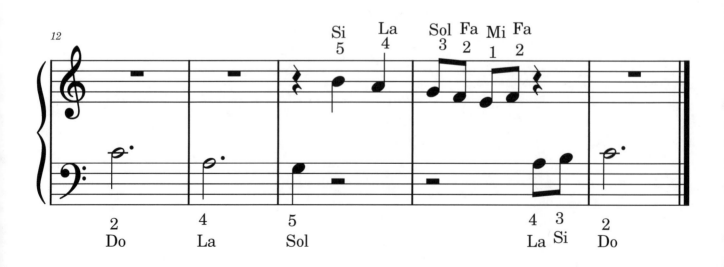

A Little Night Music
K. 525

W. A. Mozart

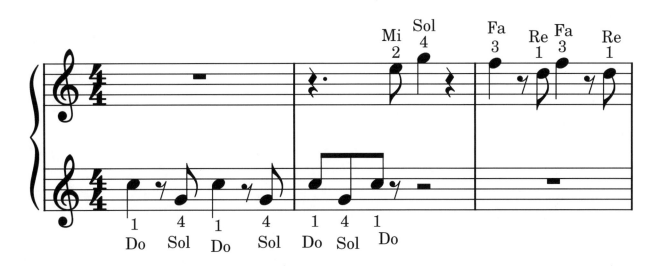

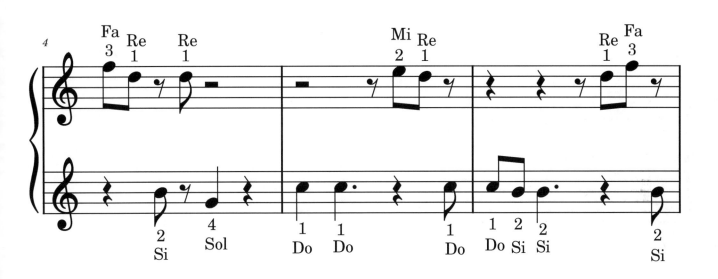

The Beautiful Blue Danube
Op. 314

J.Strauss

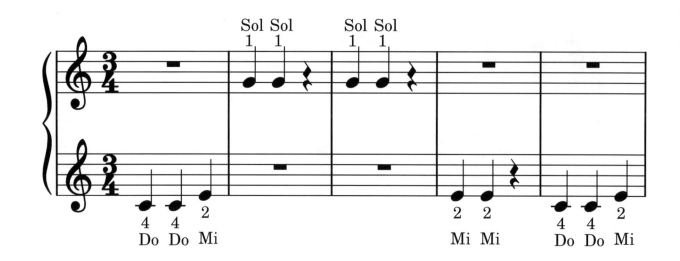

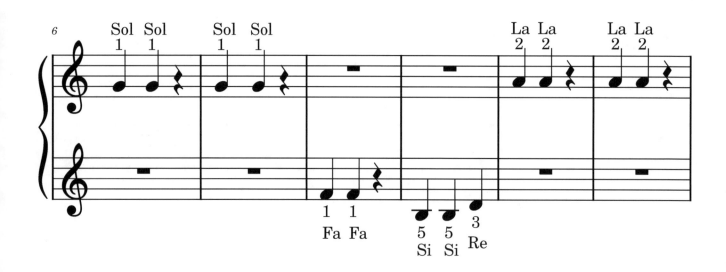

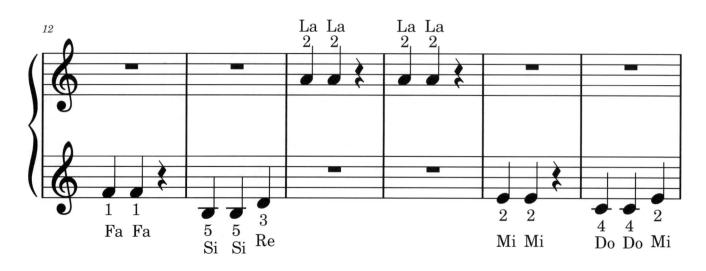

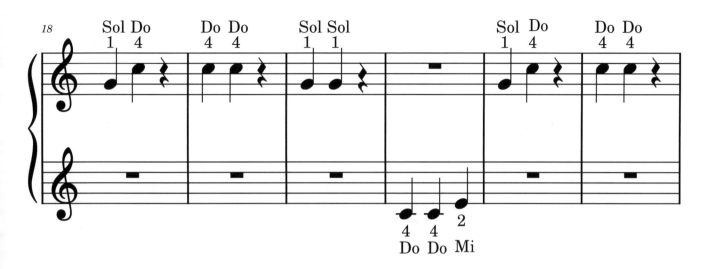

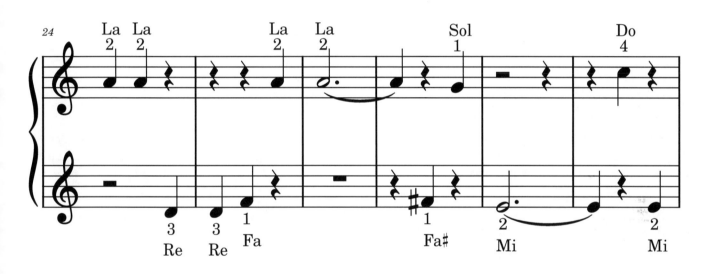

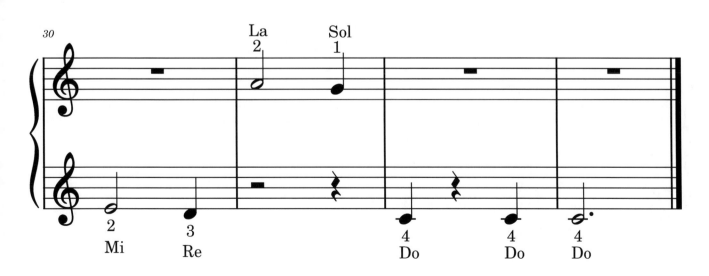

Caprice
Op. 1, n. 24

N. Paganini

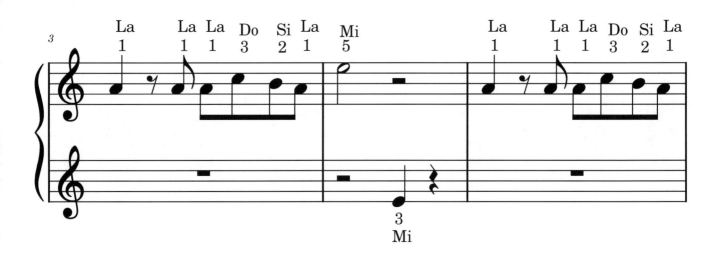

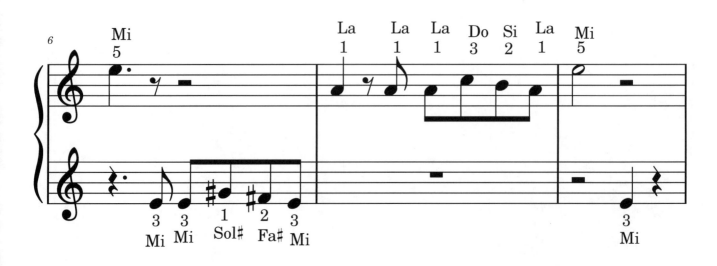

44

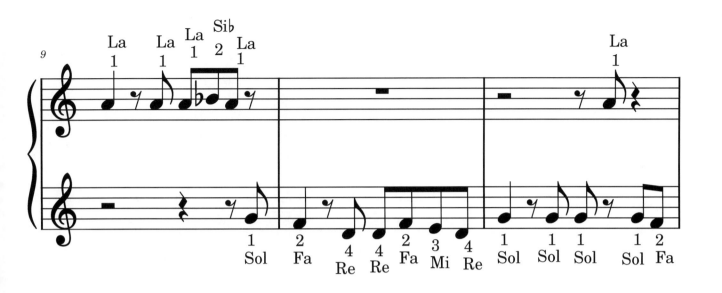

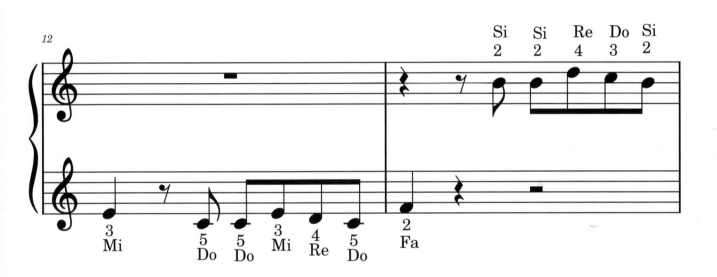

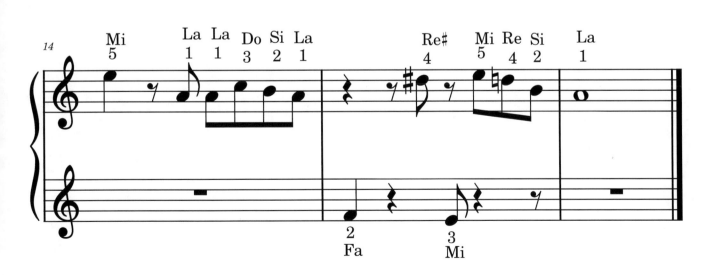

Ave Maria
D. 839

F. Schubert

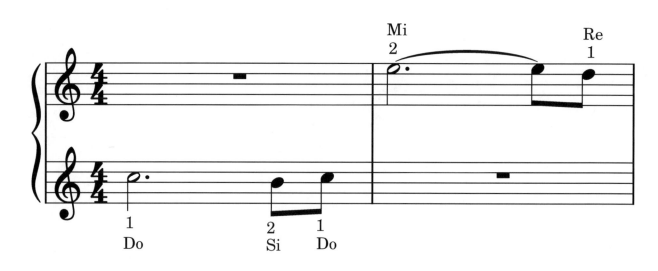

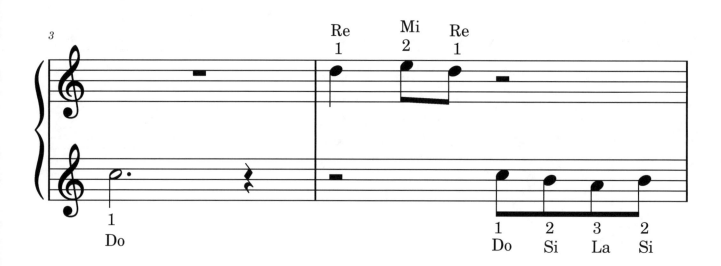

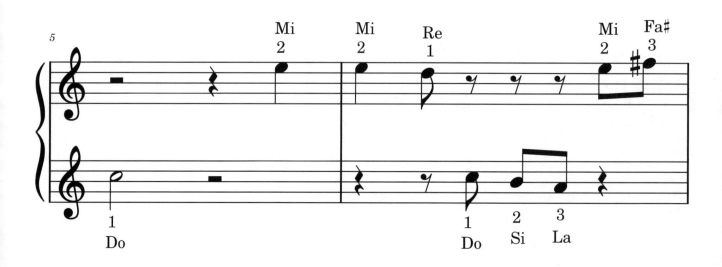

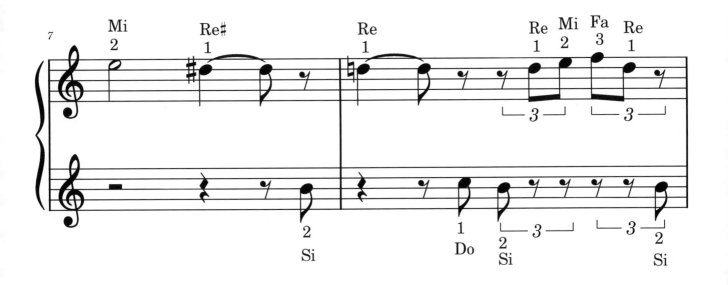

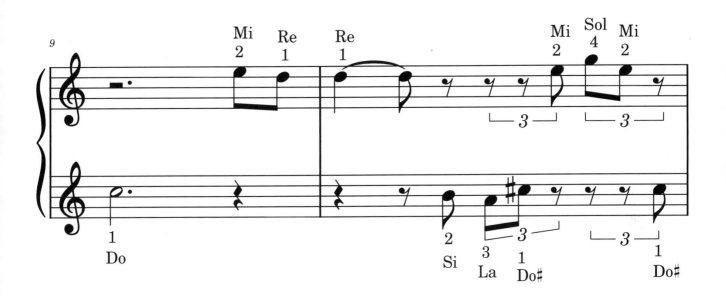

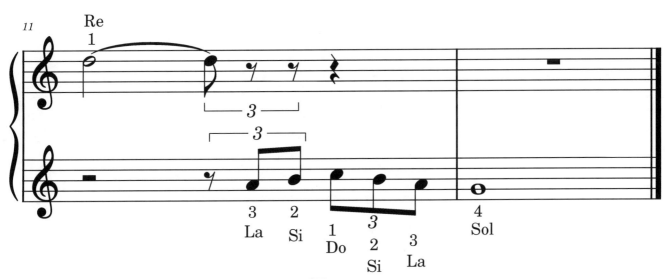

Morning Mood
Peer Gynt Suite n. 1, Op. 46

E. Grieg

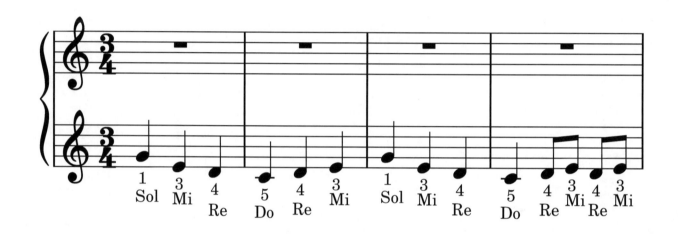

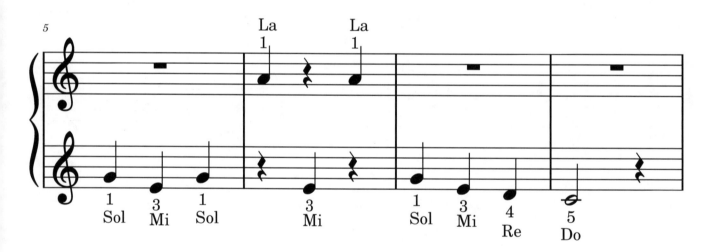

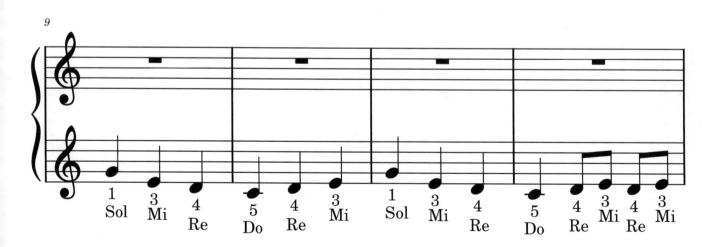

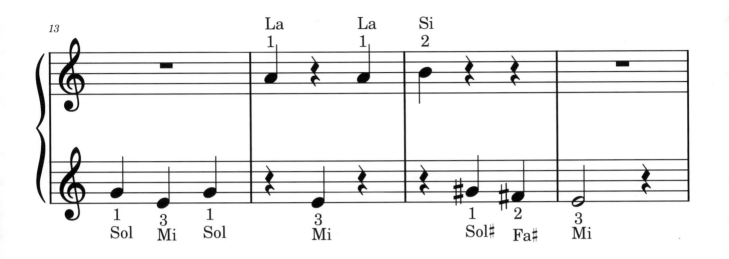

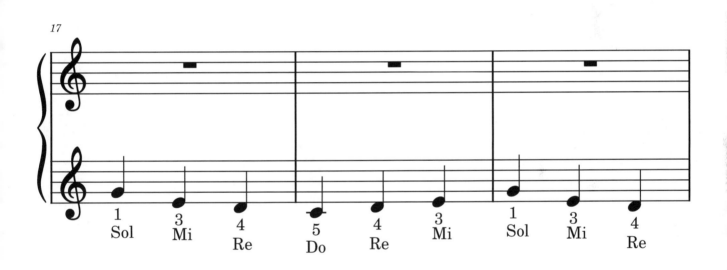

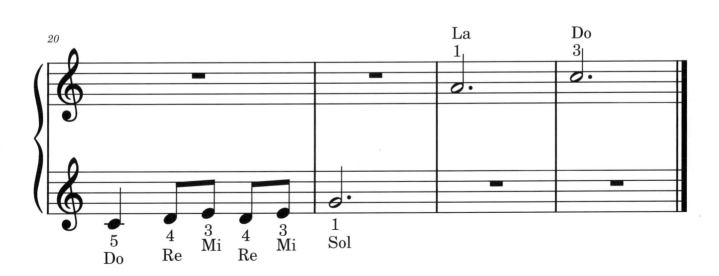

The Little Bell

F. Liszt

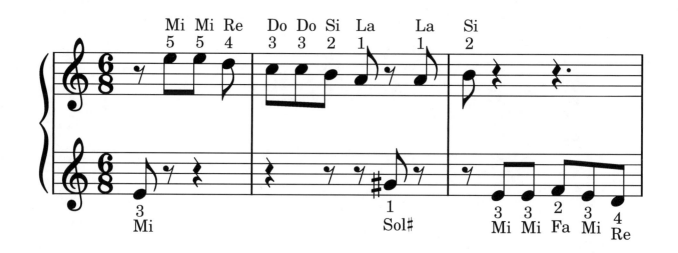

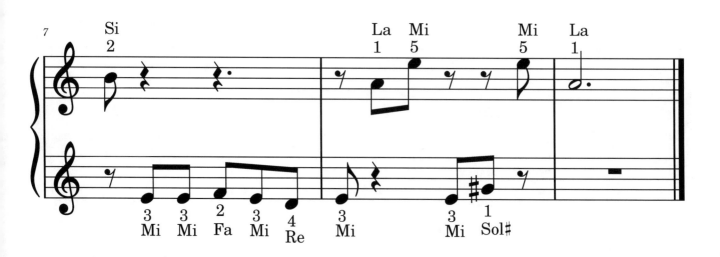

Major Canon
P. 37

J. Pachelbel

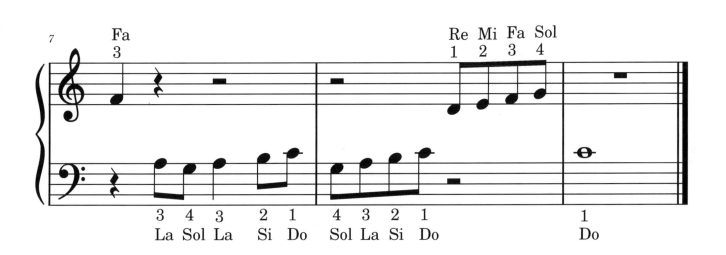

Symphony
n. 40, K. 550

W. A. Mozart

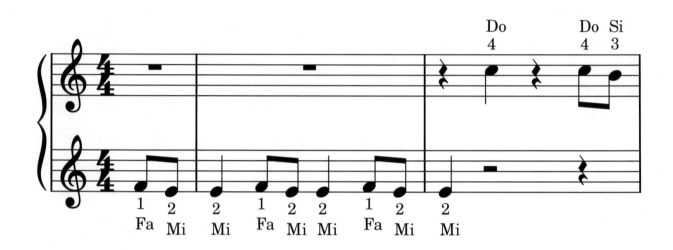

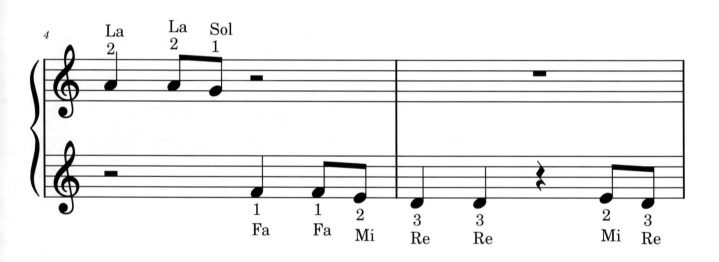

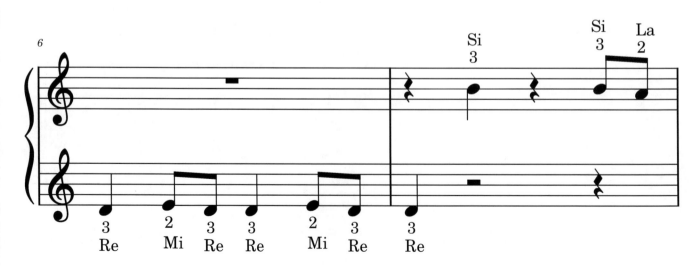

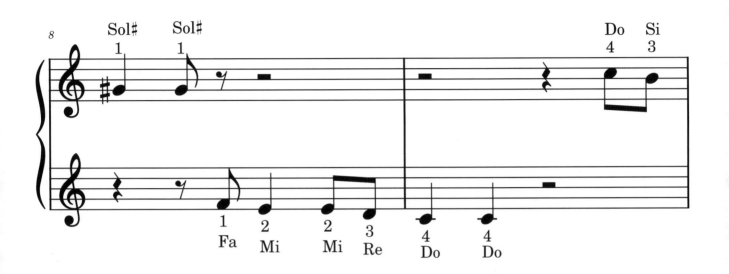

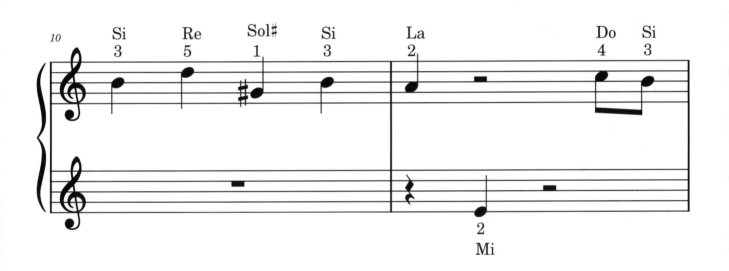

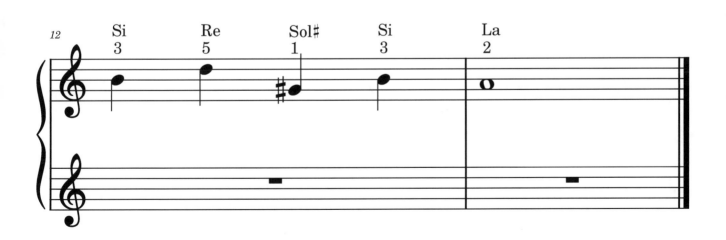

Swan Lake
Op. 20

P. I. Čajkovskij

Pathétique
Piano Sonata Op. 13, n. 8

L. v. Beethoven

Pavane
Op. 50

G. Fauré

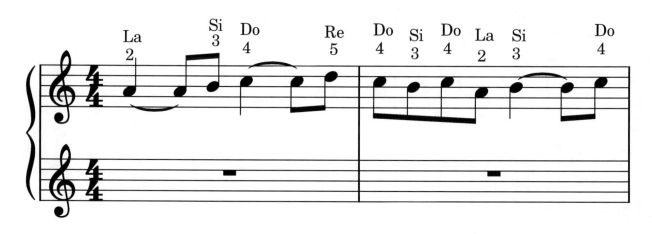

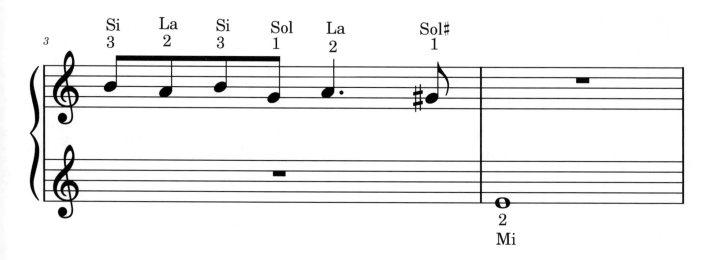

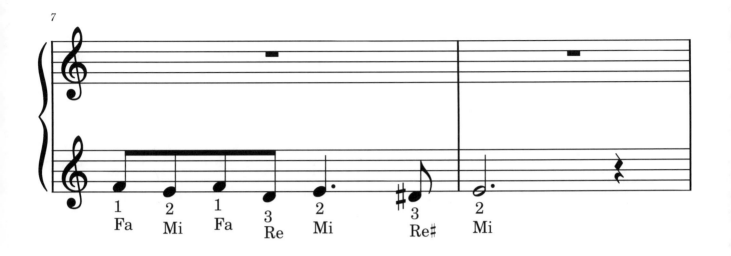

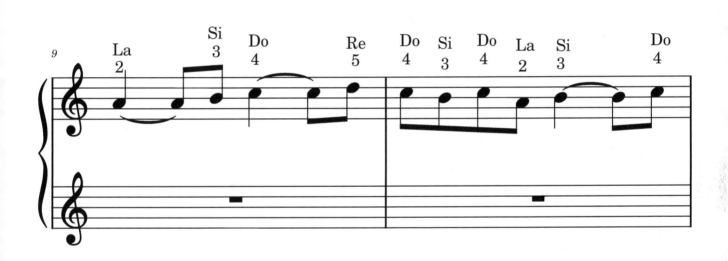

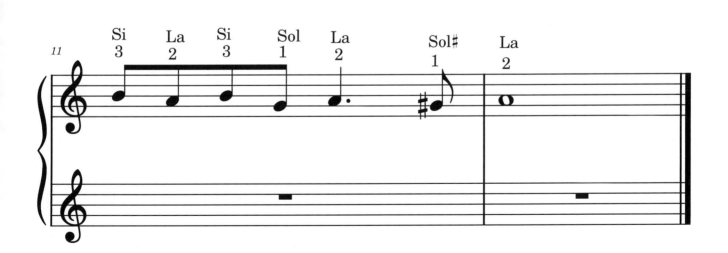

Dance of the Sugar Plum Fairy
The Nutcracker

P. I. Čajkovskij

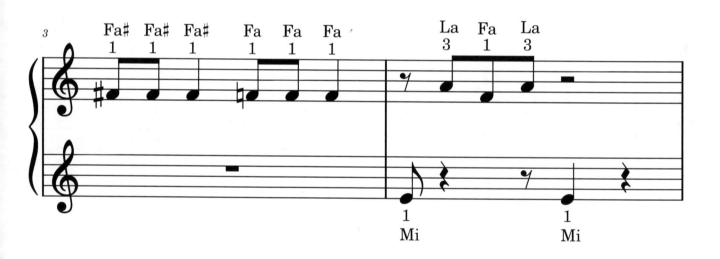

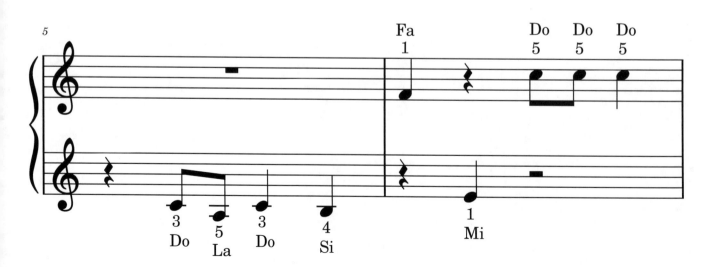

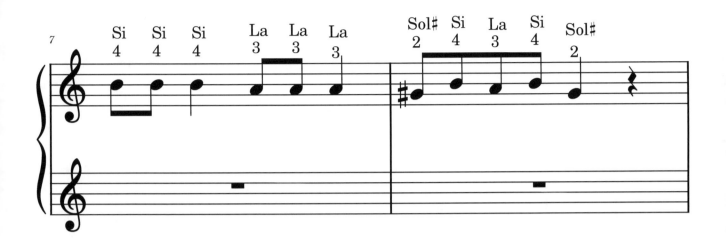

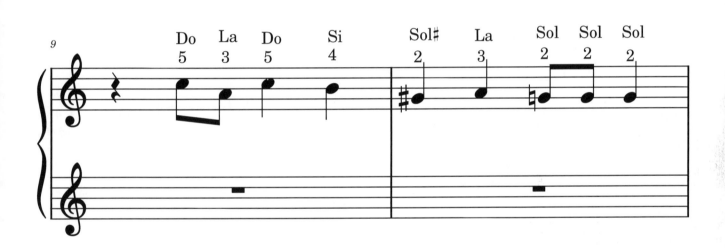

Can-can
Orpheus in Hell

J. Offenbach

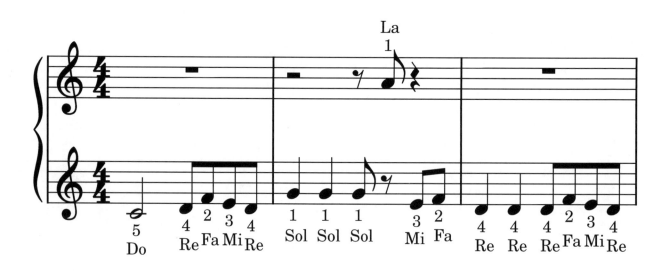

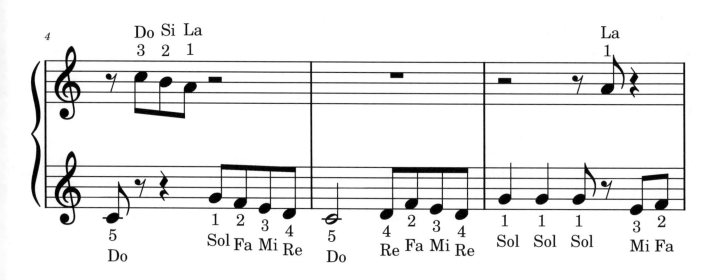

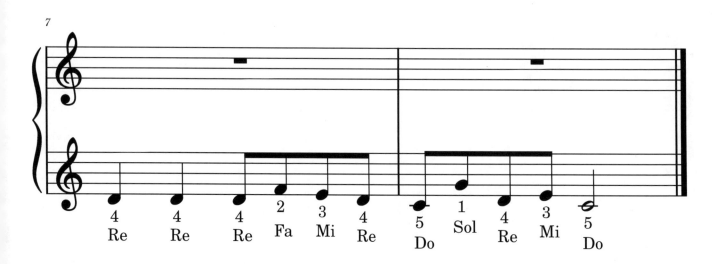

60

William Tell
Overture

G. Rossini

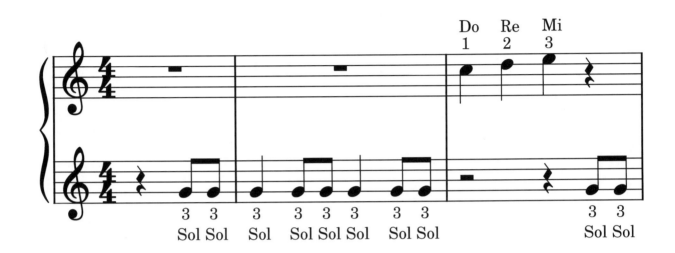

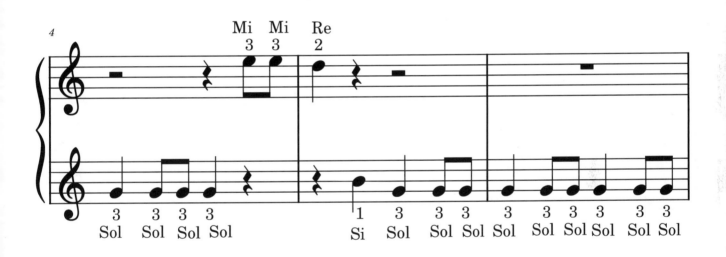

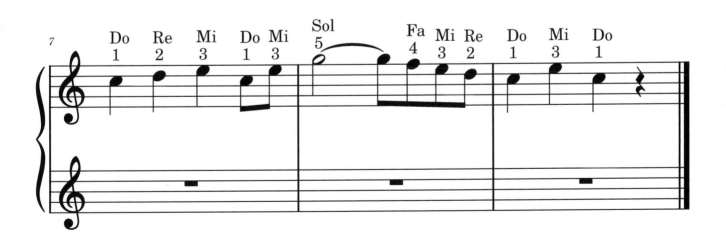

Aria on the Fourth String
BWV. 1068

J. S. Bach

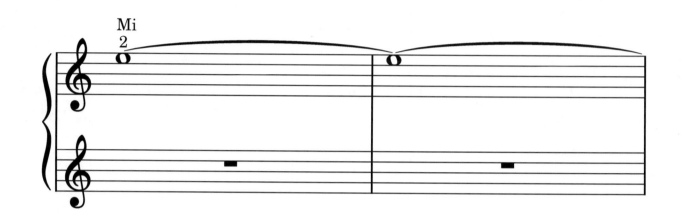

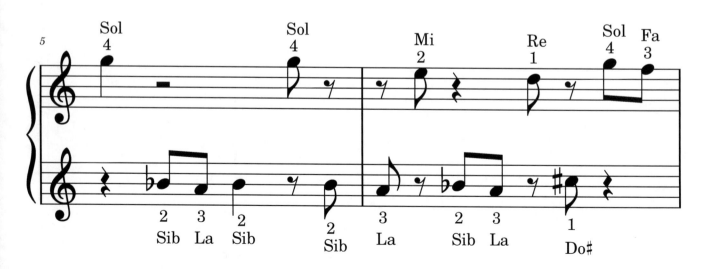

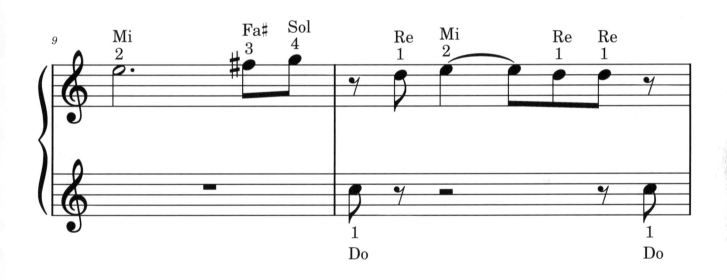

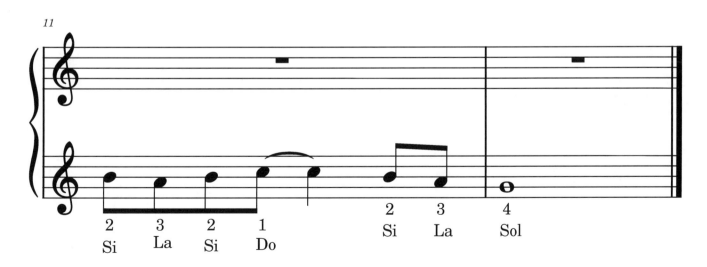

Moonlight
Suite Bergamesque

C. Debussy

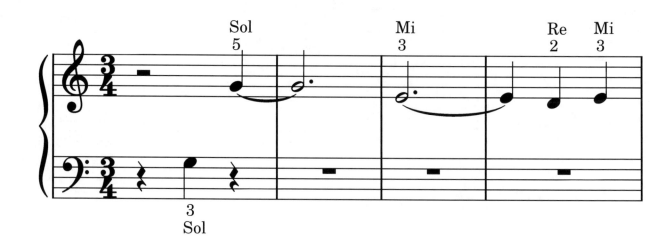

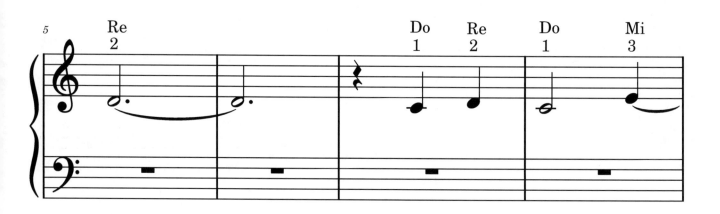

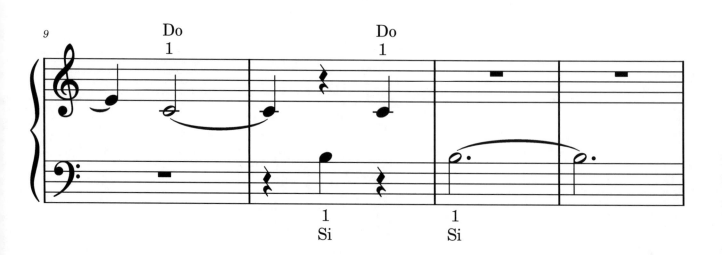

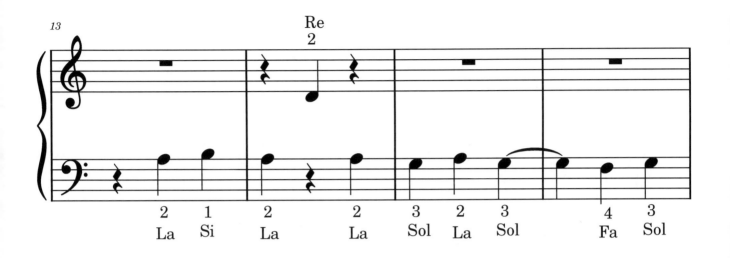

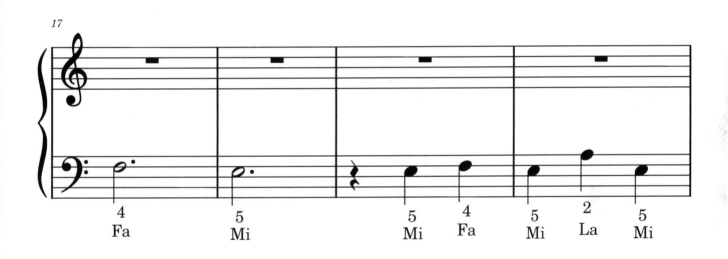

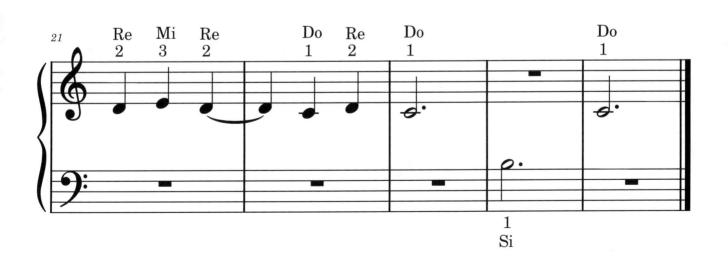

Sleeping Beauty Waltz

P. I. Čajkovskij

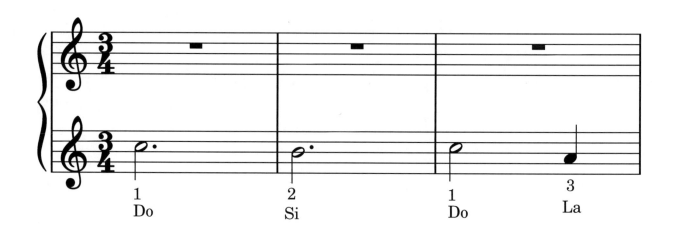

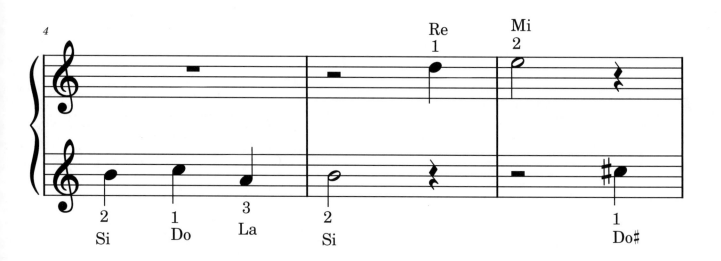

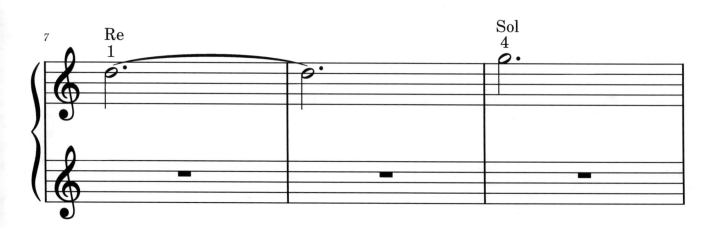

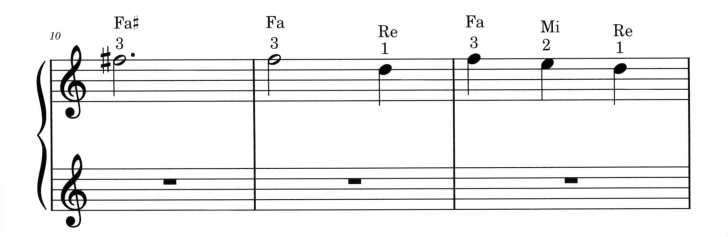

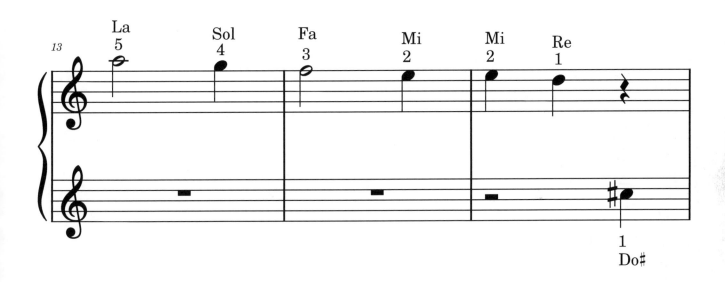

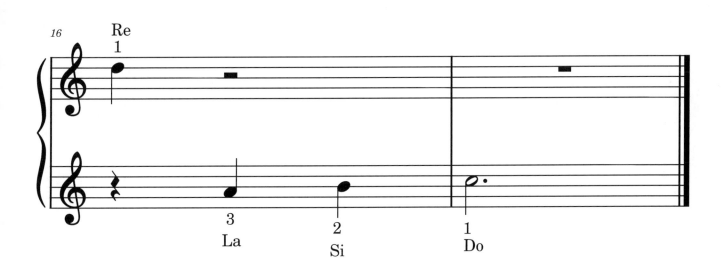

67

Jesu, Joy of Man's Desiring
BWV. 147

J. S. Bach

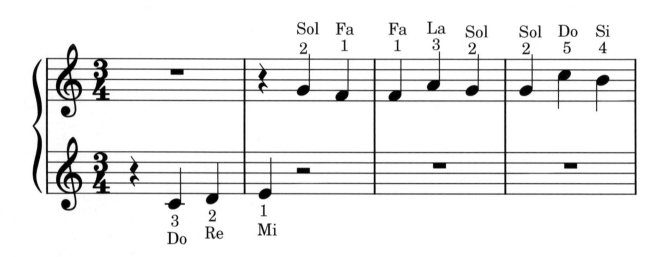

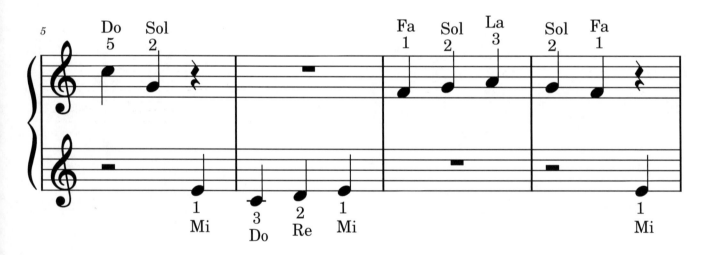

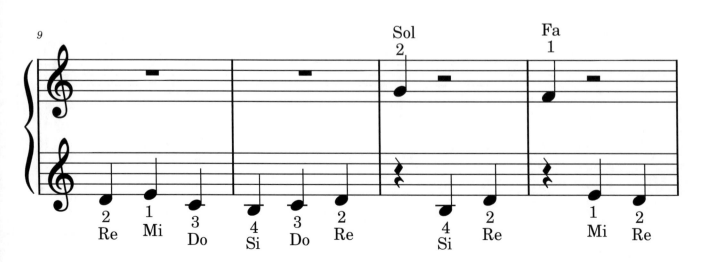

Twelve Variations on the Theme's
"Ah, vous dirai-je Maman"
KV. 265 (300e)

W. A. Mozart

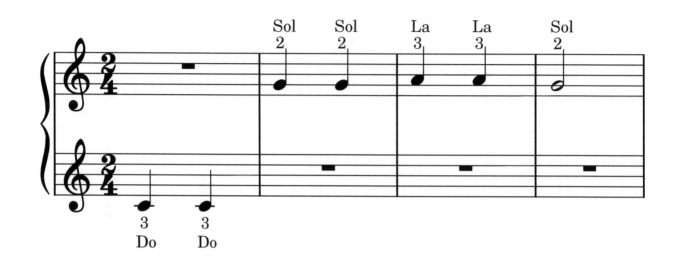

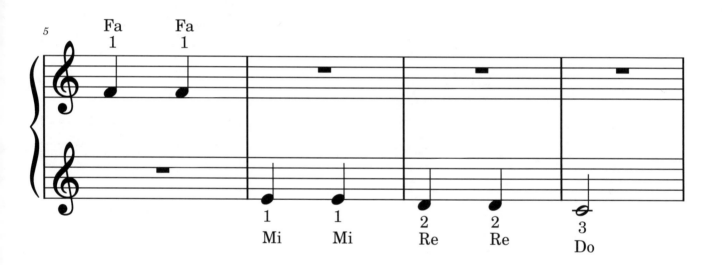

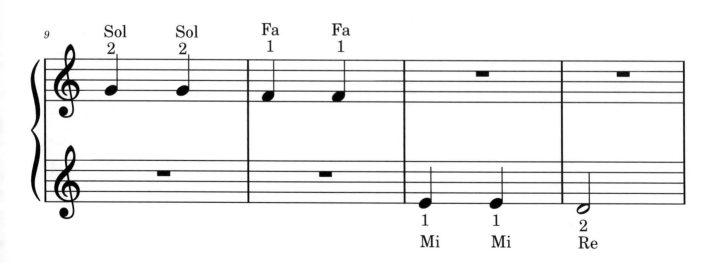

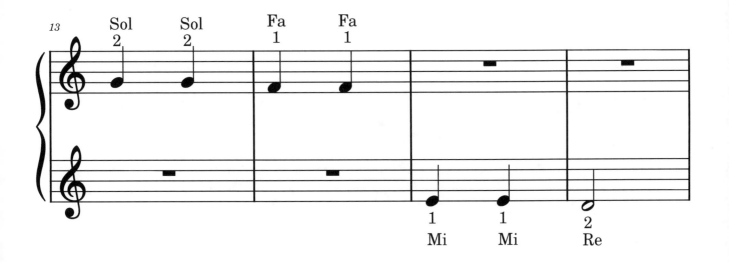

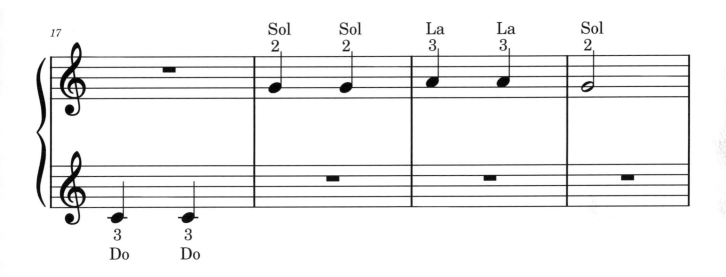

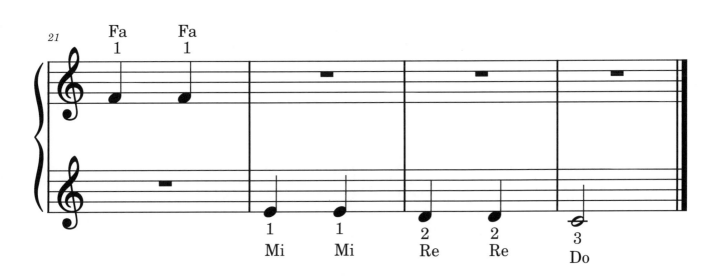

Major Musette

BWV. Anh. 126

J. S. Bach

Bridal Chorus
Lohengrin

R. Wagner

Good Night
Winter Journey, D. 911

F. Schubert

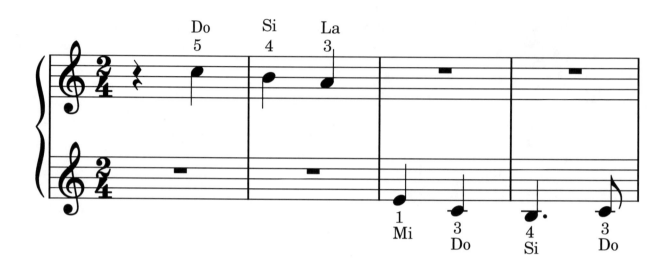

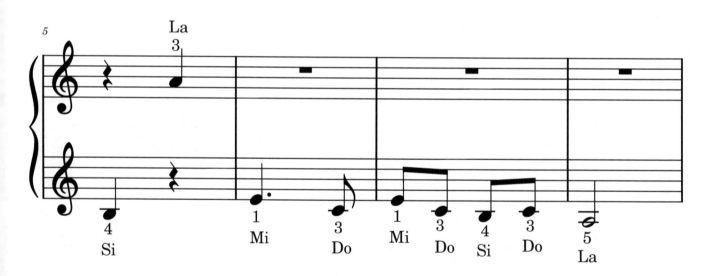

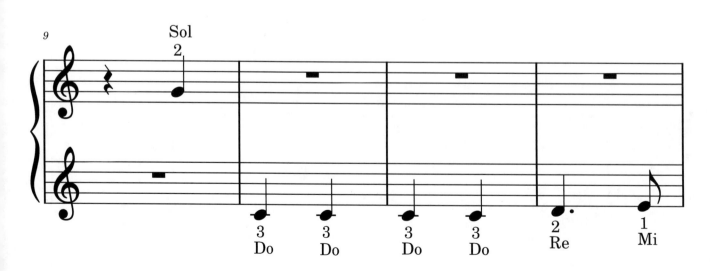

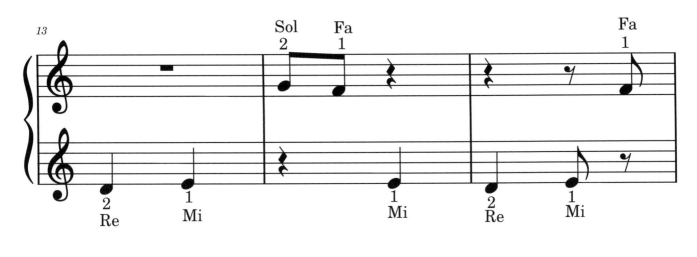

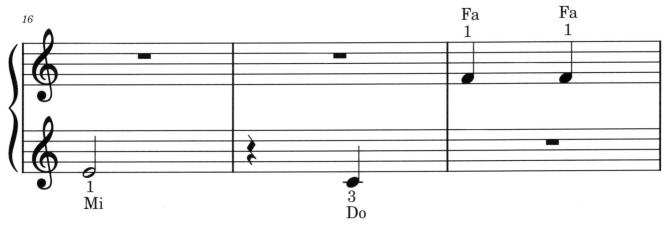

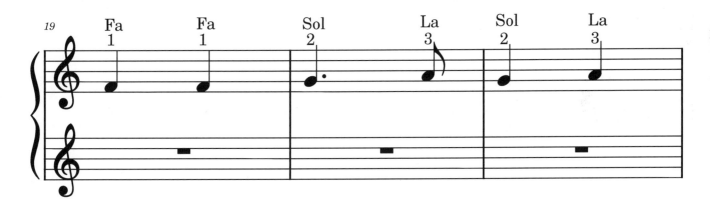

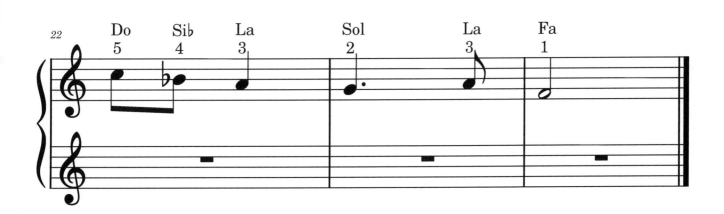

Sonatine in C Major
Op. 36, No. 1

M. Clementi

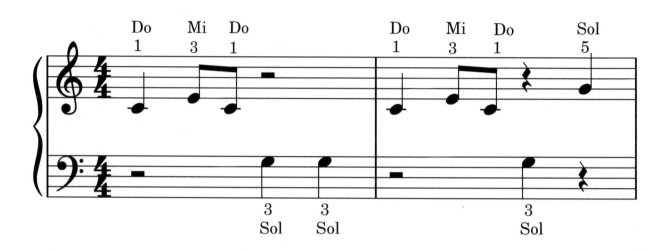

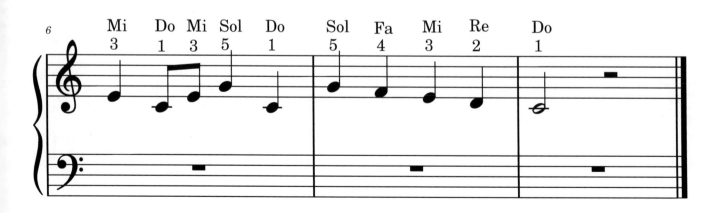

Waltz in A Minor
B. 150

F. Chopin

Barcarolle
The Tales of Hoffmann

J. Offenbach

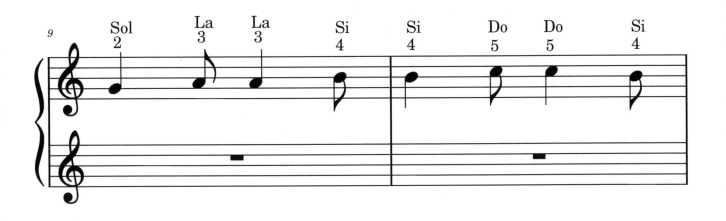

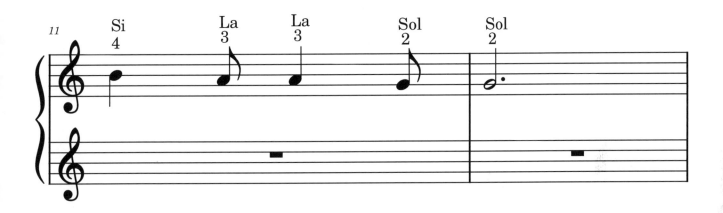

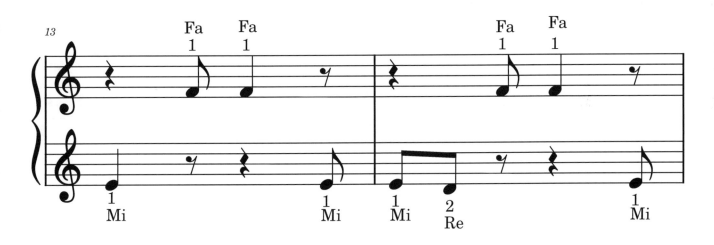

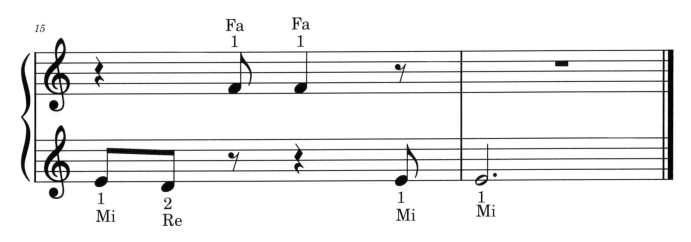

Barber of Seville
Overture

G. Rossini

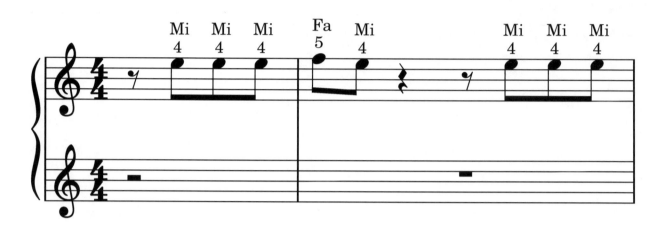

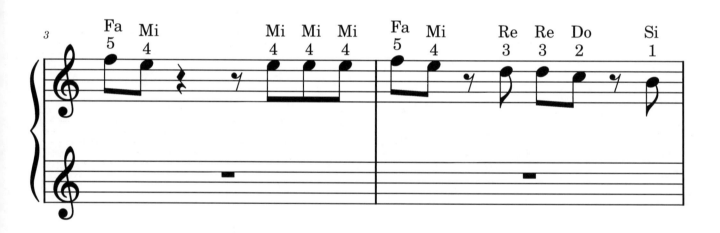

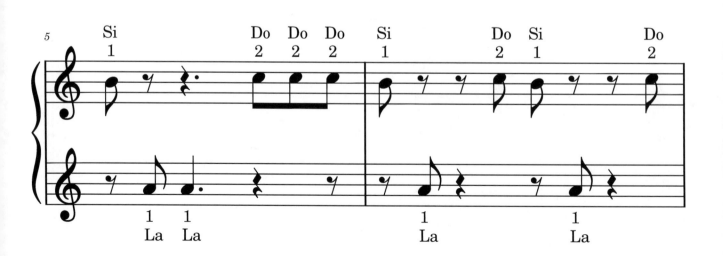

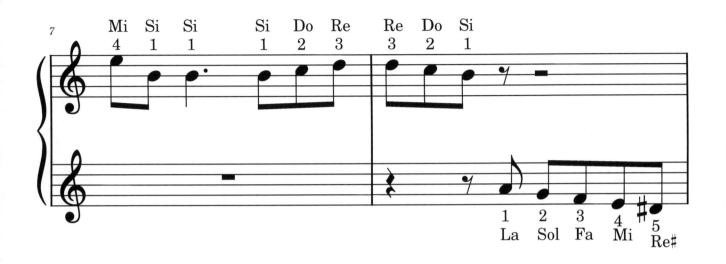

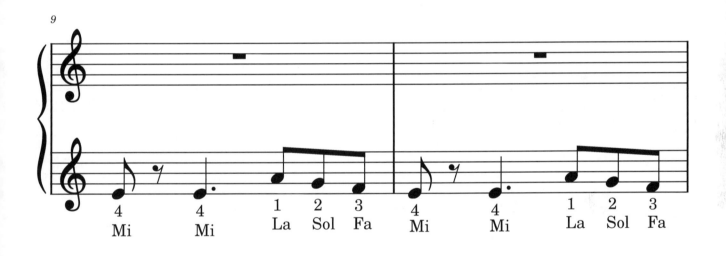

Radetzky March

J. Strauss

82

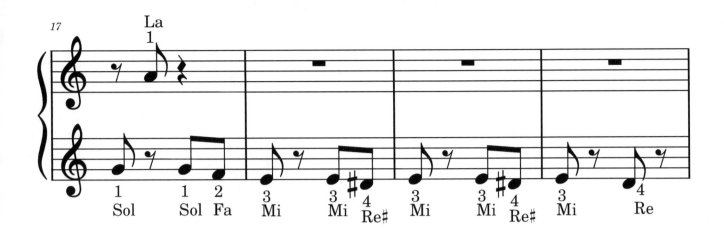

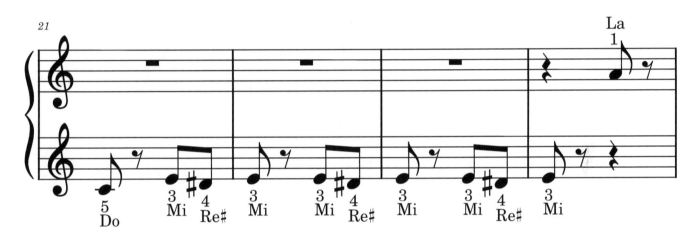

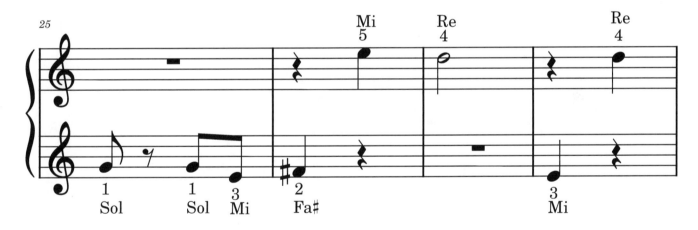

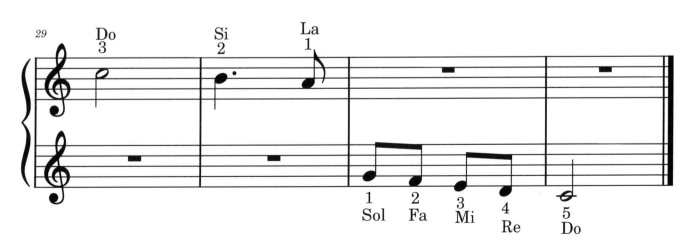

The Girl With Flaxen Hair

C. Debussy

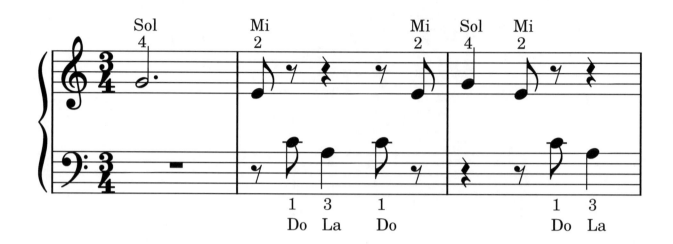

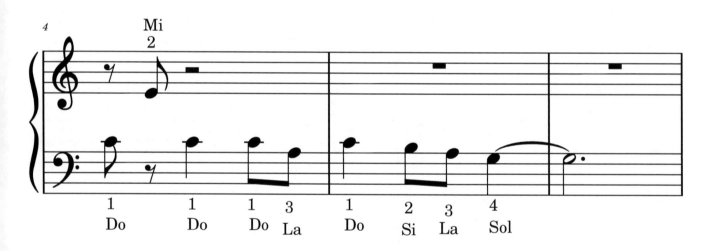

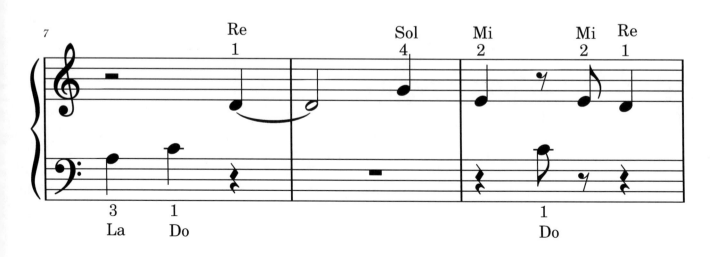

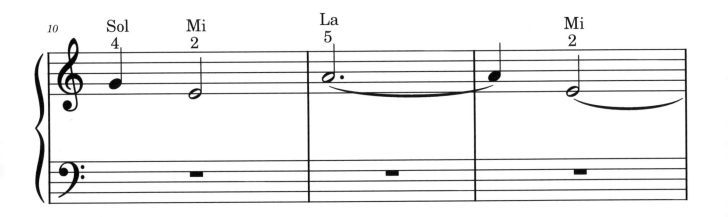

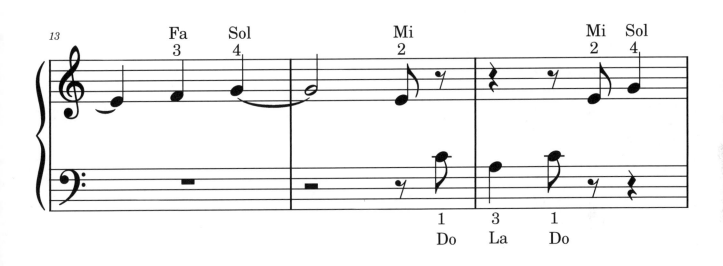

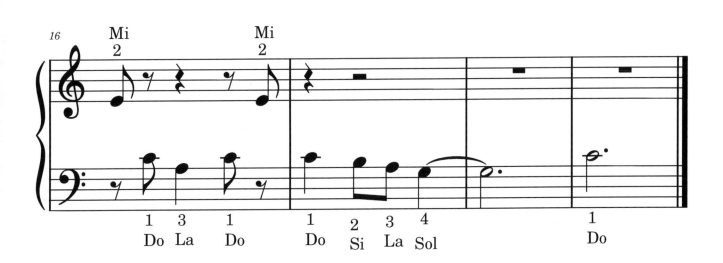

Woman is Fickle
Rigoletto

G. Verdi

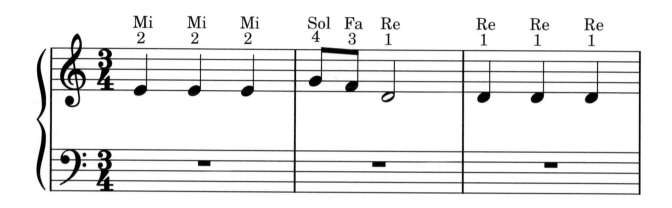

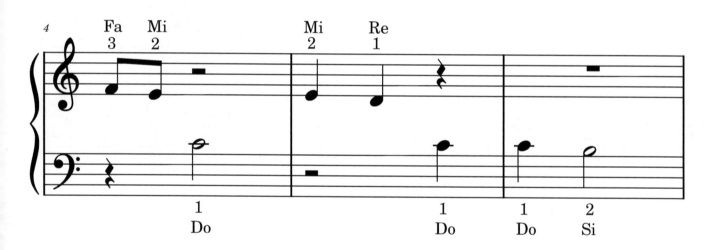

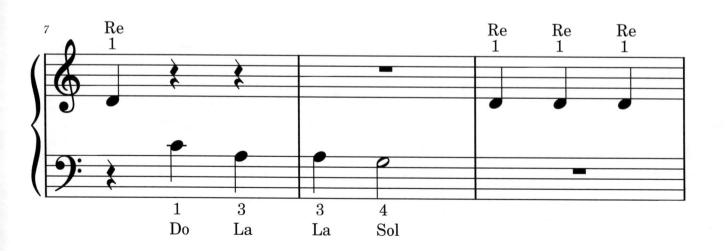

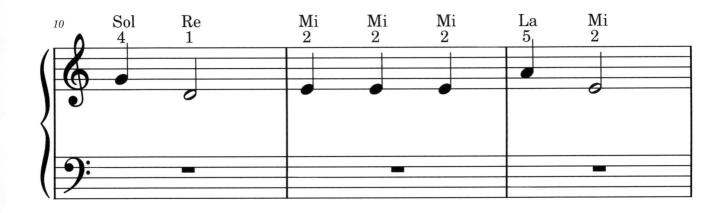

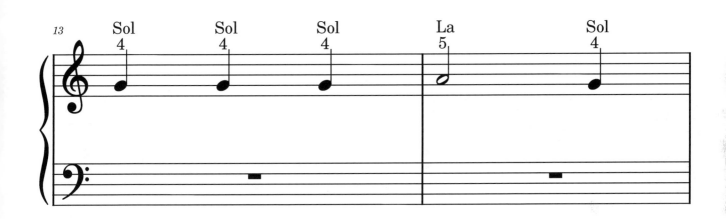

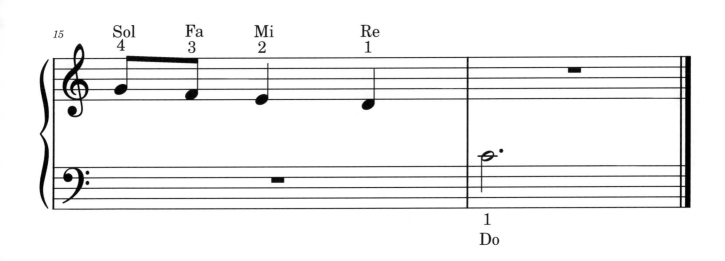

A Furtive Tear

Elixir of Love

G. Donizetti

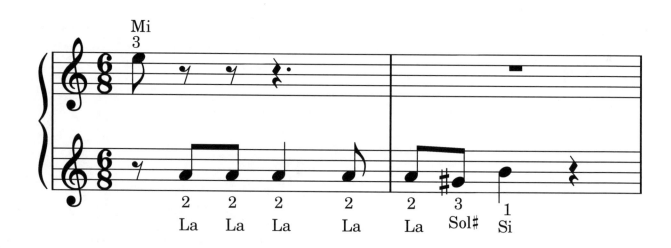

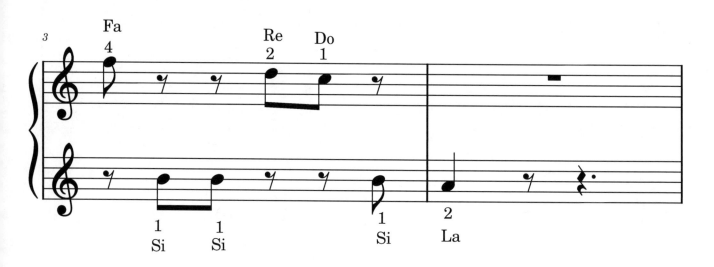

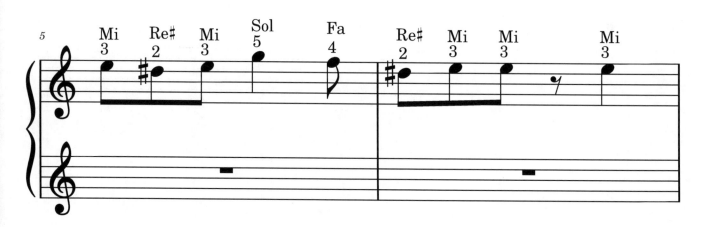

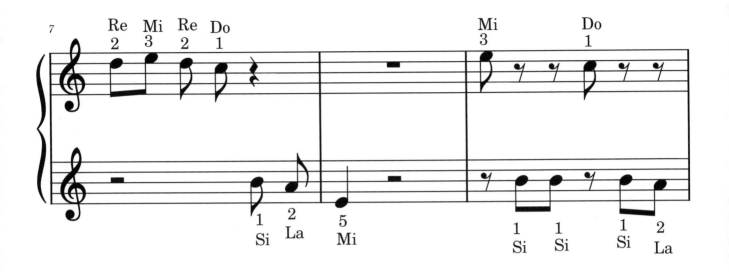

Toccata and Fugue
BWV. 565

J. S. Bach

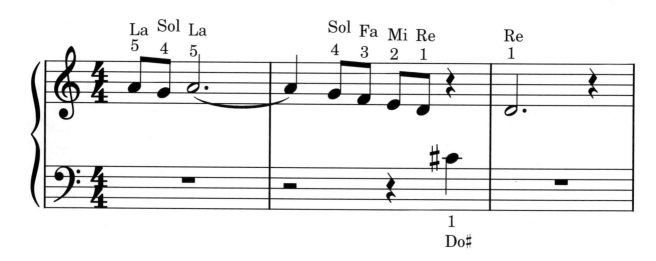

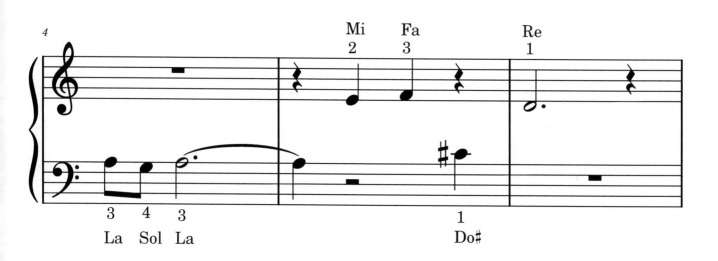

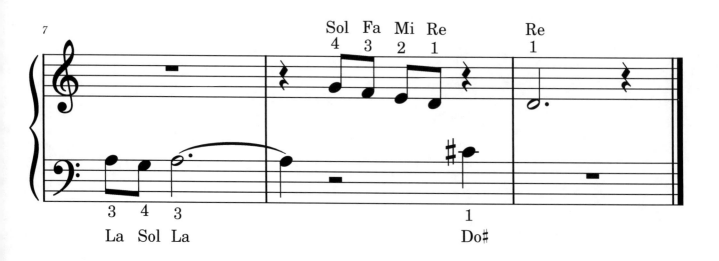

Made in United States
Troutdale, OR
12/20/2024

26994720R00051